MENTALIDAD
ORIENTADA A SUBIR
DE NIVEL

Una Guía para Rediseñar
Tu Mentalidad y Ganar Confianza

Contenido

Prefacio del Autor

La mentalidad orientada a subir de nivel es un estilo de vida que puede convertir un momento de bajón en el capítulo 1 de la mejor historia de la historia. Durante nuestra vida, rara vez se nos enseña el arte de dominar la mente y los marcos de mentalidad a seguir. Quiero cambiar eso y crear una nueva realidad.

Durante los últimos 5 años, he trabajado como ingeniero. Y durante mi tiempo como ingeniero, he sido capaz de crear, arreglar y mejorar sistemas. Ha sido un viaje maravilloso ser testigo de cómo la ingeniería requiere una amplia creatividad mezclada con la lógica.

Pero con el paso del tiempo, mi atención pasó de trabajar en productos físicos a investigar la mente. Cuando se mira más de cerca, la mente no es algo que simplemente existe, es algo que se puede rediseñar. Al principio pensé que el concepto era ridículo, pero solo había una manera de averiguarlo. A través de la experimentación.

Decidí emprender un viaje para dar sentido a mis experiencias pasadas y crear una nueva realidad. Con principios de ingeniería para poner a prueba mis conceptos, tácticas prácticas de análisis de sistemas y marcos de diseño de procesos, estudié la mente.

Nunca un ingeniero había aprovechado su talento para rediseñar la mentalidad. ¿Era esto un deseo absurdo o lo suficientemente loco como para funcionar?

A lo largo del viaje, estudié las creencias limitantes, la reprogramación del subconsciente, cómo crear confianza y mucho más. Empecé a aplicar mis conceptos en mi propia vida.

Al cabo de unos años, mi realidad empezó a ser muy diferente. Pasé de ser una víctima a ser un vencedor. Pasé de no tener confianza en mí mismo a tenerla. Pasé de ser tímido a hablar frente a audiencias de 500 personas. ¿Qué estaba pasando? Sé lo que era. La mente estaba siendo rediseñada hacia el modo de crecimiento.

Mi teoría de que la mente es capaz de ser rediseñada era cierta en términos de mi propia vida. Ahora la pregunta era: ¿hasta qué punto eran aplicables mis esquemas al mundo?

Desde entonces, he compartido mis principios de mentalidad a través de mi página de Twitter ArmaniTalks, mi lista de correo electrónico y mi sitio web. Semanalmente, recibo comentarios sobre cómo los conceptos prácticos, los hacks mentales y los marcos de trabajo para subir de nivel han impactado positivamente en muchas personas de todas partes del mundo. Eso demostró que, aunque los seres humanos recorran un camino diferente en la vida, nuestras mentes tienen conceptos básicos similares.

La mente no es una entidad estancada, sino dinámica. No está fijada, sino que es capaz de reconstruirse. La confianza no es algo con lo que nacemos, es algo que se ejerce sobre nuestra existencia.

Mi marco mental para ayudarte a desbloquear el modo de crecimiento y convertirte en tu yo más confiado se conoce como "Mentalidad orientada a subir de nivel".

La Mentalidad Orientada A Subir De Nivel se ocupa de competir con tu yo de antes, de construir una estrella del norte para tu vida, de diseñar un alter ego, de desarrollar habilidades, de aprovechar la inteligencia emocional, de optimizar las dinámicas sociales, de perseguir un legado y de mucho más.

Este libro es una recopilación de mis principales principios de mentalidad, ideas y consejos prácticos. La mejor manera de consumir este libro es leerlo primero de principio a fin para digerir los conceptos. Una vez terminado, utilízalo como guía y vuelve a las secciones que sean más aplicables a tu vida.

El viaje orientado a subir de nivel alterará tu mentalidad de muchas maneras y te ayudará a desafiar creencias limitantes anteriores. Pero lo más importante es que añadirá estructura a una vida perdida y te empujará a convertirte en tu mejor yo. Si estás preparado para adentrarte en este viaje, comencemos.

PARTE 1:

Oscuridad

Historia de Billy

Hace unos años, había un chico llamado Billy. Billy tenía veintitantos años, acababa de graduarse en la universidad y tenía un trabajo que no le apasionaba. Billy se presentaba a la vida y esperaba que las cosas acabaran saliendo bien. Pero, por desgracia, no fue así.

Durante el tiempo en que se sintió perdido, terminó por tomar un camino muy oscuro. Este camino consistía en salir con un montón de perdedores, salir de fiesta sin parar y aprender el arte de señalar con el dedo.

Verás, Billy no entendía por qué su vida era como era. ¿Por qué veía que otras personas eran felices con sus vidas mientras él se sentía tan miserable? Su resentimiento hacia sus compañeros crecía y quería respuestas más que nunca.

¿Era culpa del sistema escolar?

No, no podía serlo.

¿Era culpa de sus padres?

No, tampoco.

¿Era culpa del gobierno?

Mmm, no estoy seguro.

Billy pasó días y días buscando la razón de sus problemas. Pronto, esos días se convirtieron en semanas y esas semanas en meses. Billy seguía odiando su trabajo, se sentía sin rumbo y no tenía nada que hacer. Acabó cayendo en este agujero negro, hasta que esos meses pronto se convirtieron en AÑOS.

Billy estaba cambiando su época dorada a cambio de estar indignado. Pero lo que más le frustraba era que no tenía ni idea de por qué estaba tan enfadado.

Con el paso de los años, Billy empezaba a entender poco a poco lo que estaba pasando. No fue hasta uno de sus últimos cumpleaños cuando se miró al espejo, impactado por lo que veía. En ese momento, por fin se le dio la respuesta que había estado buscando durante años.

Billy se dio cuenta de que la única persona responsable de su patética vida era la que le miraba a través del espejo.

La razón por la que siempre se había sentido vacío era porque buscaba a la siguiente persona a la que culpar, en lugar de hacer algo por su situación. En ese momento, muchos de sus amigos habían ascendido, habían conseguido trabajos increíbles que amaban, tenían una gran familia y se sentían felices con la vida.

Billy no podía creer lo que había hecho. ¿Cómo pudo ser tan estúpido para cambiar tantos años sin nada que mostrar? Había pasado tantos años cayendo en este agujero negro que ahora tendría que pasar los próximos años cavando para salir. Una vida jugando a ponerse al día. Triste...

¿Quieres saber una verdad aterradora?

La historia de Billy es demasiado común. Billy es la víctima ideal. Alguien que cree que sus circunstancias negativas del presente han sellado un futuro negativo. Pero,

¿por qué hay tantos Billy dando vueltas en el mundo actual?
Creo que tengo una pista...

La Cultura de la Indignación

Los seres humanos han nacido para resolver problemas, no para indignarse por tonterías. Pero esto es lo que ha pasado:

Vivimos en la era de la comodidad; la mayoría de los humanos no tienen problemas reales que resolver.

¿Y qué ocurre? Sus cerebros crean una ILUSIÓN de un problema por el que se enfadan. Es una forma triste de vivir.

¿Saben estas personas que están viendo una ilusión, no un problema **real**?

No, en absoluto.

¿Por qué no son conscientes?

Porque les han lavado el cerebro.

A los humanos se les lava el cerebro a través de las emociones. Una vez que controlan tu corazón, controlan tu cerebro. Y esto es una amenaza real para la gente sin ningún reto real.

¿Algún ejemplo?

Sí.

-Mira a la gente en las redes sociales que odia a las celebridades todo el día.

-Mira a la gente en el mundo real que se queja de los escándalos políticos todo el día.

-Mira a la gente que se preocupa por las opiniones de extraños todo el día.

No tienen ningún problema real. No sabrían lo que es un conflicto legítimo aunque se les acercara con el culo desnudo y les diera una bofetada. Entonces, ¿qué hace su cerebro?

Sus cerebros convierten estos escenarios que pueden ser fácilmente ignorados, en enormes amenazas. Estas personas creen realmente que están en peligro y que no hay solución.

Nuestros ancestros se reirían de lo blanda que se ha vuelto la población humana. Ellos tenían que preocuparse de ser comidos por un tigre dientes de sable. Y los payasos de nuestra generación se preocupan por las opiniones y los tweets de extraños que nunca conocieron.

Y el rebaño se hace eco de sus sentimientos ante el mundo. Repiten y repiten sus problemas hasta que otros humanos sin problemas reales adoptan también la misma mentalidad. LAVADO DE CEREBRO 101.

A través de este lavado de cerebro, nuestra cultura tiene una manada de zombis corriendo por ahí buscando a la siguiente persona a la que culpar de sus problemas. Este tipo de patrón de pensamiento ha dado lugar a la víctima moderna.

¿Aumenta el Victimismo?

¿Durante demasiado tiempo te has limitado a existir? ¿Apareciendo en la vida y sin estar seguro de lo que estás haciendo exactamente? Si esto te suena extrañamente a ti, entonces tienes que estar muy alerta.

"¿Por qué?"

Porque si no creas tu identidad, la crearán por ti. La sociedad no quiere ganadores autosuficientes. Quieren sobreconsumidores, víctimas y perdedores fuera de forma.

"¿Por qué?"

Porque son más fáciles de controlar y sacar provecho.

"¿Eh? Suenas como una especie de teórico de la conspiración".

No, todo esto es verdad. Es hora de que despiertes.

"¿Así que estás diciendo que la sociedad no está presionando activamente para que me convierta en mi mejor yo?

Es cierto. Quieren que, en el mejor de los casos, seas mediocre. Por eso hacen algunas cosas:

1. Crean un problema y te venden una solución.

2. Fabrican un problema para provocar la indignación y aumentar sus índices de audiencia.

3. Te protegen de la verdad porque a la mayoría le molesta lo que ve.

¿No te parece un poco espeluznante que esta sea la mejor época de la civilización humana, y que las masas actúen como si el mundo estuviera a punto de acabarse? Es porque la gente no sabe cuestionar la verdad. Simplemente aceptan ciegamente lo que se les dice.

Estoy aquí para decirte que te están engañando. La sociedad está intentando activamente crear tu identidad por ti.

Quieren que veas la raza, no los individuos. Por eso se glorifica la política de identidad.

Quieren que creas que los ricos acaparan todo el dinero, que es por lo que estás arruinado. Vilipendiar el éxito 101.

Quieren que creas que la gente que predica la responsabilidad, carece de empatía.

Esta forma de condicionamiento mental ha llevado a una abundancia de víctimas. La gente está siendo llevada a creer que es una víctima de sus circunstancias en lugar de un subproducto de sus hábitos. Con el auge de la tecnología, es más fácil que nunca difundir la negatividad a gran escala.

No sé si lo sabes, pero la mente subconsciente no puede distinguir entre lo real y lo falso. Esta mente dicta el 95% de tu realidad y ve la vida a través de imágenes y emociones.

Con el aumento de la tecnología, las noticias negativas, las opiniones y las estadísticas se difunden a gran escala. Esto hace que las personas sientan una falta de poder en sus vidas.

Pero seamos realistas, la mayoría de las víctimas no tienen idea de que son víctimas. Puede que al seguir leyendo este post te des cuenta de que siempre has sido una víctima. Pero, ¿de dónde surge esta enfermedad? De algunas cosas, solo nombraré algunas:

1. Mimos - Los niños que fueron mimados toda su vida son las mayores víctimas. Piensan que la vida es algo que se les da. Pero una vez que salen al mundo real, descubren que no es así como funciona. Mamá y papá no están contigo. Pero su mentalidad blanda sigue siendo la misma.

2. Medios de comunicación convencionales - Los medios de comunicación dominantes han creado una generación de payasos débiles y con mentalidad de víctimas. Esta gente cree de verdad que el mundo se va a acabar en cualquier momento. Les han lavado el cerebro para que no entiendan que se les alimenta con negatividad sin parar para conseguir audiencia.

3. Repetición de los fracasos- Cuando alguien fracasa varias veces de la misma manera, puede hacer algo de daño. Muchos se desentienden, analizan sus errores, reciben críticas de terceros y encuentran la manera de levantarse. ¿Pero una víctima? Exactamente lo contrario. Tiran la toalla y deciden que el sistema está amañado.

Señales de Mentalidad de Víctima:

Piensa que la vida le está pasando factura

Utiliza los fracasos del pasado para justificar la evitación de futuros esfuerzos

Señala con el dedo

Siempre culpa a un sistema

Es perezoso

Piensa que todas las personas que tienen éxito son afortunadas

No tiene visión de futuro

Amplifica lo negativo e ignora lo positivo

¿Te molesta el éxito?

En el fondo, el ser humano es una criatura muy emocional. Una parte de ser una criatura emocional es hacer, sentir o pensar cosas que a menudo no se pueden explicar.

Hazte esta pregunta, ¿te molesta el éxito? Muchas víctimas están resentidas con el éxito, pero nunca se preguntan POR QUÉ están resentidas con el éxito en primer lugar. Solo sienten la emoción de los celos y luego proceden a justificar esa emoción con una lógica equivocada.

En la mente de la víctima, el éxito es algo que debe ser resentido. Cuando ven a una persona con éxito, una parte de ellos piensa automáticamente en "privilegio". ¿Algunos fueron privilegiados desde su nacimiento? Sí.

¿Pero todos eran privilegiados? En absoluto. Eso es simplemente un concepto erróneo debido a la falta de perspectiva. Quiero explicar lo que muchas personas privilegiadas tuvieron que pasar:

Esos "privilegiados" de éxito:

- de 40 horas semanales para volver a casa y trabajar un poco más en sus sueños.

- los fines de semana eran días para trabajar más.

- Rechazaban numerosos eventos sociales en aras de la productividad.

- Eligieron los libros en lugar de la televisión.

- Se eligieron a sí mismos antes que a sus amigos.

-Se enfrentaron al rechazo en repetidas ocasiones.

- Se preguntaban si su visión merecía la pena.

- Siempre salieron de cada conflicto con aplomo.

- Sangre, sudor y lágrimas para hacer realidad su visión.

Mientras la Víctima Estaba:

- bebiendo alcohol en un juego previo.

- bebiendo más alcohol en las discotecas.

- mostrando sus travesuras de borrachos con orgullo en Snapchat.

- desperdiciando su noche de sábado haciendo lo mismo que hicieron el viernes por la noche.

- no recuerdan ninguno de los supuestos recuerdos que están creando.

- su mentalidad Y.O.L.O los ha transformado de un pájaro libre a un saco de mierda borracho.

- entonces el domingo, se recompensan viendo Netflix y llenando su cuerpo de basura.

Y en lugar de pensar "puede que mis costumbres de guerrero de fin de semana estén retrasando mi vida", hacen exactamente lo contrario.

Se inventan en su cabeza que el sistema está amañado contra ellos. Que no se les dan oportunidades en la vida. Entonces asignan a una persona de éxito la mayor parte de su culpa. "Mira a este tipo que tiene éxito. Ojalá yo tuviera su vida privilegiada".

Pero mira más de cerca. La víctima desperdicia 3 de los 7 días de la semana. La persona con éxito maximiza los 7 días a la perfección. Pero eso no hace la diferencia, ¿verdad? El sistema va a por ellos. Su jefe y su madre también pueden tener la culpa, ¿verdad? Es una broma.

El resentimiento hacia el éxito solo te asegurará 1 cosa: que nunca alcances el éxito.

Ahora que entiendes qué es el victimismo y por qué existe, vamos a profundizar un poco más.

¿Qué es la zona de confort?

Los 2 caminos de la vida:

Camino 1: placer a corto plazo para el dolor a largo plazo.

Camino 2: dolor a corto plazo para el placer a largo plazo.

-Camino 1 = Zona de confort

-Ruta 2 = Modo de crecimiento

La zona de confort es el subproducto de vivir una vida muy fácil. Uno se imagina que esto es algo bueno. La comodidad, ¿qué puede tener de malo? Pero la zona de confort es un lugar muy peligroso en el que quedarse atrapado.

Tiendes a quedarte atascado en la zona de confort debido a tu mente subconsciente. La mente subconsciente está cableada para buscar la comodidad. Nuestros ancestros primitivos se desvivían por encontrar comida, refugio y seguridad en un mundo muy caótico.

Pero en la generación actual, la mayoría de los humanos no tienen que preocuparse por eso. Tenemos comida en nuestra nevera, refugio sobre nuestras cabezas y tenemos la seguridad asegurada. Entonces, ¿qué sigue?

Muchos deciden que todo está bien y deciden instalarse en la zona de confort. Pero aquí está el problema de acomodarse. Nuestro cerebro está programado de forma natural para enfrentarse a los retos. Cuando no se le presentan retos, creará los suyos propios.

Cuando hay abundancia de comodidad, nuestro cerebro empieza a exagerar las cosas pequeñas para convertirlas en una "amenaza". Esto nos lleva a preocuparnos mucho por las opiniones de los demás, a ofendernos más rápidamente y a disparar la ansiedad.

Por lo tanto, la ansiedad va en aumento, a pesar de que vivimos en la era más cómoda de la historia de la humanidad. Con la ansiedad en aumento, tu vida comienza a sentirse mucho más atascada.

Empiezas a pensar demasiado, a sentir emociones destructivas y a pensar que toda esperanza está perdida. Esto conduce a un punto de vista muy negativo de la vida.

Y entiende este pequeño principio psicológico: proyectas tu mundo interno en el mundo externo.

Imagínate a ti mismo como un imán. La energía que pones ahí fuera es la misma energía que será magnetizada de vuelta a ti. Es importante entender este concepto porque te da una comprensión más profunda del victimismo.

Un mundo interno negativo da lugar a un mundo externo negativo. Entonces el mundo externo negativo provoca un resentimiento más profundo en el mundo interno.

Así es como la zona de confort desencadena un círculo de toxicidad.

¿Se está convirtiendo en un hábito señalar con el dedo?

Señalar con el dedo es el arte de culpar de tus problemas a otro ser humano. Señalar con el dedo aporta una satisfacción a corto plazo a cambio de una impotencia a largo plazo.

Cada vez que señalas con el dedo y culpas de tus problemas a otra persona, te sentirás temporalmente bien porque te has quitado un peso de encima. Pero la pregunta es: ¿quién resolverá el problema? La persona a la que culpas tiene sus propios problemas, así que no le importará si le culpas o no.

Lo que has hecho ahora es señalar a tu subconsciente que no tienes el control de tu propia vida. Que los problemas a los que te enfrentas no se deben a tus hábitos o acciones, sino que son causados por una tercera parte. Cuando le señalas esta orden a tu mente subconsciente, le quitas gran parte de tu poder y se lo entregas a otra persona.

Así es como funciona la mentalidad de una víctima. Señalan con el dedo en piloto automático, pero carecen de la conciencia necesaria para comprender su comportamiento.

Lo contrario de señalar con el dedo es la responsabilidad. La responsabilidad es asumir la responsabilidad de lo bueno y lo malo. Incluso si lo malo no fue tu culpa, sigues asumiendo la responsabilidad porque es tu vida y vas a ser el único que lidia con las emociones negativas asociadas al problema.

La responsabilidad es cuando se produce un dolor a corto plazo a cambio de un poder a largo plazo. Este es un concepto que cambia la vida y que acabará con la mentalidad de víctima para siempre. Pero, ¿adivina qué?

Una víctima tiene sus vías neuronales demasiado arraigadas como para dar una oportunidad a la responsabilidad.

Por qué el pensamiento grupal es peligroso

Si quieres saber la diferencia fundamental entre una víctima y un vencedor, pues aquí está:

El vencedor sabe pensar por sí mismo y la víctima opta por el pensamiento de grupo.

¿Qué es el pensamiento en grupo? Pensar en grupo es dejar que los patrones de pensamiento de los demás dicten también los tuyos.

Ahora bien, hay un momento y un lugar para tener la mente abierta y permitir que las perspectivas de los demás mejoren tu mentalidad, por supuesto. Pero los pensadores en grupo van más allá. Confían literalmente en que el grupo piense POR ellos. Es entonces cuando las cosas empiezan a ser peligrosas.

Este tipo de pensamiento de rebaño es peligroso porque hace que un ser humano sea dependiente y un blanco fácil para el lavado de cerebro. Cuando no sabes cómo manejar uno de los motores más poderosos a tu disposición, tu cerebro, tiendes a esperar a que el grupo llegue a un consenso para poder adoptar esa creencia también.

Este nivel de dependencia hará que pases por alto oportunidades y acabe con tu confianza en el camino.

Todo el mundo ha tenido diferentes experiencias para

llegar a donde está hoy. Utilizar las experiencias de otra persona como punto de referencia para tu propia vida te llevará a tomar un montón de malas decisiones y hábitos peligrosos. Pensar en grupo es un acto de baja valoración social que te hará actuar como un extra en tu vida, no como el protagonista.

Cómo arreglar una mente de víctima

Es difícil arreglar una mente de víctima, no voy a mentir. Básicamente estás recableando años de vías neuronales estructuradas, creencias limitadas y hábitos. Pero es aún más difícil porque no solo tienes que arreglarte internamente, sino que también debes arreglarte externamente. Ahí es donde las cosas se ponen difíciles.

Normalmente no verás a una víctima rodeada de un grupo de vencedores. Los vencedores son el tipo de personas que asumen toda la responsabilidad de sus vidas. A menudo verás a las víctimas rodando con otras víctimas.

Por lo que los patrones de pensamiento negativos se refuerzan, sellando aún más una realidad.

Ahora bien, aunque el victimismo es difícil de romper, es posible. Y tradicionalmente ocurre a través de 2 formas:

1. Tiempo extra
2. El fondo de la roca

La estrategia de las horas extraordinarias consiste en que, cuando te haces mayor, vas acumulando más experiencias. Y a medida que acumulas más experiencias, desbloqueas nuevas perspectivas. El nuevo nivel de perspectivas aporta conciencia a tu vida. La conciencia es la clave si quieres romper las creencias limitantes y los hábitos negativos. A medida que vas madurando, tu conciencia te ayuda a entender que tú eras el único responsable de tu vida todo el tiempo. No era el trabajo de otra persona conseguir lo que querías de tu mundo, era solo tuyo.

La segunda opción es el momento de tocar fondo. Este es un momento que puede ocurrir de repente y destrozar gran parte de tu mundo. Aunque este momento es mucho más doloroso que el proceso anterior, es más rápido. El momento de tocar fondo es un momento de apertura de ojos para muchos de nosotros. Si has pasado por él en el pasado, entonces sabes de lo que estoy hablando. Si estás pasando por él ahora mismo, sigue leyendo.

El Momento de Tocar Fondo

La vida tiene una forma curiosa de humillarte. Una cosa que notarás es que todo tiene picos y valles. Puede que actualmente estés atravesando un pico. Estás en una relación comprometida, tienes un trabajo de ensueño, conduces un coche nuevo, etc.

La vida va bien y parece que estás en la cima del mundo. Te preguntas cómo es posible que algunas personas no tengan sus cosas claras. ¿Qué tiene de difícil gestionar tu vida? Solo tienes que aparecer, ponerte a trabajar y todo irá bien.

Mientras vives esta vida de ensueño, de repente algo cambia. Todo aquello por lo que has trabajado tan duro se derrumba ante tus ojos. Tu relación se acaba, te despiden y estrellas tu coche.

Una parte de ti siente que esto es una pesadilla de la que despertarás en cualquier momento, que es imposible que tu situación se haya vuelto tan mala de la noche a la mañana. Hasta que te pellizcas, sientes dolor y te das cuenta de que no estás dormido, estás despierto.

BIENVENIDO A TOCAR FONDO.

La caída repentina o gradual de tu realidad será uno de los

momentos más significativos de tu vida.

Después de que el/los evento/s haya/n transcurrido, te sentirás roto/a por dentro. No solo estará fuera de sí mentalmente, sino también físicamente. físicamente. Te sentirás más perezoso. Todo tu cuerpo se sentirá pesado y muy caliente. Esto puede conducir a un exceso de sueño.

Además de sentirse cansado, puede perder el apetito. Cuando toqué fondo, tuve suerte de comer una vez al día. La falta de apetito hará que te sientas aún más aletargado. La falta de energía hará que pases más tiempo en tu cabeza.

Para escapar de tu mente repitiendo el momento que te llevó a tocar fondo, puede que recurras a la botella o a la pipa. Puedes creer que el alcohol y la hierba te permitirán escapar de esta pesadilla. ¿Lo hará? Claro, pero solo temporalmente. Sin embargo, una vez que estés sobrio, los mismos pensamientos.

"¡Oh, no! ¿Cuánto tiempo va a durar esto?"

Depende.

"¿Depende?"

De ti. Solo tú podrás decidir cuánto dura esta espiral.

"¿Y qué hago?"

Descubrir y reconstruirte a ti mismo.

Esto es lo bonito del momento de tocar fondo. Tú serás la única persona que te sacará de ahí. Los amigos y la familia te ayudarán, claro. Pero en última instancia, será tu responsabilidad. Tendrás dos opciones:

1.   Permanecer en el infierno.

2. Diseñar una de las mejores historias de retorno de la historia.

La opción 1 es la más fácil, porque simplemente sigues haciendo lo que has estado haciendo. Y para ser honesto, la mayoría de la gente elige ser una víctima de sus circunstancias y permanecer en el fondo. Pero esta es una forma triste de vivir porque afecta a tu realidad actual Y a tu futuro.

Las personas que eligen la opción 1 entran en una espiral descendente durante semanas, meses o incluso años. Un día, ven a la gente que les rodea ascendiendo en el mundo, acumulando valor y construyendo estatus. Y cuando se miran al espejo, ven al mismo perdedor que ha estado deprimido durante años. Una vez que se dan cuenta de que ser una víctima nunca ha sido una opción de vida óptima, se quedan destrozados.

Han perdido mucho tiempo que no podrán recuperar. Ahora tienen que jugar a ponerse al día en el juego de la vida, intentando desesperadamente limpiar sus errores del pasado.

Pero no tienes por qué ser tú.

¿Cómo puedo evitar este mal destino?

Eligiendo la opción 2. Diseñando una de las mejores historias de regreso. Abandona la vida de víctima. Utiliza tu momento de tocar fondo para cambiar tu realidad. Aprovecha este momento para tomar una de las mejores decisiones de tu vida.

Si estás preparado para convertirte en un vencedor, entonces estás listo para comenzar tu viaje de subida de nivel.

MENTALIDAD
ORIENTADA A SUBIR
DE NIVEL

PARTE 2:

Viaje Para Subir de Nivel

El Nacimiento de un Ganador

1. Pasa años simplemente existiendo.

2. Pasa por algún evento traumático.

3. Lucha.

4. Se quiebra por dentro.

5. Introspección y reconstrucción.

El tiempo transcurre...

6. El Fénix resurge de las cenizas.

El Ganador ha Nacido Increíble.

Escribir la Historia de tu Vida

J.K. Rowling luchó contra la depresión y fue rechazada por 12 editoriales antes de que su serie de libros Harry Potter despegara. Incluso si tu vida se siente como una ruina en este momento, entiende que nunca es demasiado tarde para cambiar la narrativa.

Pero eso es solo J.K. Rowling. ¿Con qué frecuencia ves a la gente cambiar la narrativa de su vida?

Demasiadas veces para contarlas.

J.K. Rowling es solo uno de los muchos ejemplos. "¿Ah, sí?

Sí......

Jack Ma: Es un pésimo examinador, rechazado de Harvard 10 veces, rechazado de múltiples trabajos. Fue la única persona, de entre 24, a la que se le denegó la solicitud de empleo en KFC cuando la franquicia se abría en su ciudad natal. Sin embargo, fue a descubrir la mega empresa titán, Alibaba.

Lebron James: Sus Miami Heat perdieron ante los modestos Dallas Mavericks en las finales de 2011. La derrota empañó su reputación en la liga y le traumatizó. Pero no se rindió. Simplemente trabajó más duro y se mantuvo fiel a su habilidad. Con el tiempo, Lebron pasó a ganar 3 campeonatos de la NBA.

Walt Disney: Le despidieron porque su jefe le dijo que le faltaba imaginación. Pero siguió siendo fiel a sí mismo, mantuvo la cabeza alta y se esforzó. Walt ganó 59 premios de la Academia y creó el legendario Disneyworld.

Colonel Sanders: Nos encanta KFC, pero ¿cuántos de nosotros conocemos su historia? El Sr. Sanders, a los 62 años, fue rechazado por más de 1.000 personas por su idea de restaurante. ¿Pero se rindió? No. Siguió luchando hasta que le presentaron una oferta. Ahora KFC es un fenómeno mundial.

"¿Así que puedo mejorar aunque haya sido una mierda en el pasado?"

Claro, estás en una situación de ventaja.

"Espera, ¿en serio?"

Sí.

-Malas experiencias + Introspección = Sabiduría
-Sabiduría + Presente = Claridad para el futuro

Aprovecha tu pasado a tu favor, tu historia acaba de empezar.

¿Mi historia acaba de empezar? ¿Quiere decir que tengo una segunda oportunidad?

Todos tenemos una segunda oportunidad, se llama **mañana**.

¿La vida de un Fénix?

El Fénix es un ave de la mitología griega muy conocida por renacer. Después de morir quemado vivo, el Fénix fue capaz de resurgir de las cenizas y comenzar su nueva vida.

¿Quieres saber algo? Los seres humanos también son capaces de renacer. Si eres una persona que está pasando por un momento de bajón ahora mismo, entiende que tu historia no ha terminado, sino que acaba de empezar.

Incluso si fuiste una persona jodida en el pasado, hoy puedes darle la vuelta a toda tu narrativa. Incluso si fuiste una víctima en tu vida pasada, puedes comenzar el viaje para convertirte en un vencedor hoy.

Para convertirte en el Fénix, necesitas reacondicionar tu mentalidad hacia un pasado oscuro.

Hay dos maneras de ver tu pasado:

-Bloqueo de carreteras

-Reductor de Velocidad

Bloqueo de carreteras: Muchas personas que se aferran al pasado caen en esta mentalidad. Sienten que su pasado negativo ha sellado su destino. Su mente ha creado un obstáculo invisible que no les permite crecer. Se aferran a la culpa y la vergüenza día tras día.

Reductor de Velocidad: Este grupo de personas tiene la mirada hacia adelante. Se centran en la imagen completa de la vida, no solo en los píxeles. Por lo tanto, se dan cuenta de que sus errores del pasado fueron solo obstáculos en su camino, no una sentencia de vida.

Con el fin de aprovechar adecuadamente tu pasado, necesitas ir de:

Mentalidad de barricada -> Mentalidad de badén.

Para hacer la transición, debes entender que cada ser humano tiene una historia. Algunas peores que otras, pero la historia está presente, no obstante. ¿La única diferencia entre los ganadores y los perdedores? La narrativa que eligen asignar a su historia.

Los perdedores eligen revolcarse en el arrepentimiento de su pasado negativo.

Los ganadores eligen dar sentido a su pasado negativo.

Un grupo se va con más arrepentimiento.

Un grupo se va con sabiduría.

Los que se han enfrentado a la oscuridad y a las dificultades en su vida siempre estarán en ventaja sobre los que han tenido una vida protegida. Eso es porque para salir de la oscuridad, debes tener lucha en ti. Y cuanto más lucha tengas, más fuerte será tu mente.

-La flecha se tira hacia atrás antes de ser impulsada hacia adelante. Cuanto más se tira hacia atrás, más se impulsa. Lo mismo ocurre con la vida. Cuanto más oscuridad superas, más creces.

Así es como se convierte una mala situación en una situación impresionante. Todo comienza con la mente y la narrativa que eliges para ti. Puedes ser la víctima de tu pasado o el vencedor de tu futuro. Pero no puedes ser ambas cosas.

Nunca es demasiado tarde para dar un giro a tu vida. Yo solía ser suspendido, era un pésimo estudiante, no tenía idea de lo que quería hacer para mi futuro y mucho más. Pero di un giro a mi historia cuando empecé a aprender de mis fracasos. Tú también puedes.

Mira a tu alrededor...

¿Crees que la gente que se mueve por el éxito siempre fue así? No. Pregúntales a ellos. Seguro que tuvieron un periodo de su vida en el que eran perezosos y no tenían rumbo. Entonces, después de mucho tiempo de sentirse perdidos, decidieron hacer algo al respecto.

"¿Así que no estoy roto? ¿Todavía hay esperanza para mí?"

Sí, la hay. Tu impulso es el componente más importante para tu éxito. Y para tener impulso, necesitas algo.

¿Qué?

Fuego.

"¡Está bien! Entonces déjame comprar un encendedor en el 7/11".

No tonto, me refiero al fuego interior.

"¿Eh?"

El fuego interior es algo que irradia en tu corazón. Esa energía te permite alcanzar tus sueños más salvajes.

¿Qué vídeo de YouTube puedo ver para conseguir ese fuego?
Ninguno.

¿Algún recurso?

Sí, tú mismo.

El fuego suele estar hecho de dolor.

"Creía que se formaba por querer un futuro mejor". Claro, eso funcionará para algunos. Pero para mí y muchos otros, formamos nuestro fuego a través del dolor. Sentimos el dolor, la vergüenza y la decepción de primera mano. Fuimos vagos en nuestra vida pasada. ¿Y qué hicimos? Hicimos algo al respecto.

A medida que nuestros amigos y familiares iban haciendo algo por sí mismos, nuestros celos crecían. En lugar de usar nuestros celos para odiar, los usamos como brújula. Averiguamos qué era exactamente lo que nos daba celos y decidimos perseguirlo.

Sea cual sea el dolor, utilízalo en tu beneficio.

El dolor es simplemente energía que puede servir como batería para el crecimiento.

El dolor es la pieza del rompecabezas que te falta para alcanzar la grandeza.

El dolor es algo que nunca te dará un libro.

Es algo que la experiencia de la vida te dará.

Manéjalo como un guerrero.

Una vez que tengas el fuego, sucederá algo hermoso. Has desbloqueado un nuevo nivel. Toda tu vida, solo pensabas con tu cerebro, pero no sabías cómo sentir. No sabías nada sobre tu instinto y tu intuición. Pero el fuego te conecta con todo eso.

2 cosas que necesitas para tener éxito:

Cerebro y corazón.

Imagínate conduciendo.

El cerebro es el volante.

El corazón es la gasolina.

Uno no puede funcionar sin el otro. Bueno, puede... pero serás mediocre. Vamos a por la leyenda o el fracaso, así que NECESITAS ambas cosas.

Si te sientes perdido, no te rindas todavía. Necesitas sentirte perdido para encontrar el camino correcto. Lo creas o no, estar perdido es parte del proceso en el viaje hacia la grandeza. Simplemente estás en los primeros capítulos de tu historia. Solo tienes que seguir escribiendo.

A medida que vayas escribiendo, notarás que cada

capítulo tiene más y más sentido. ¿No ves lo que está sucediendo? Estás en el proceso de escribir la mejor historia de todas. Todos los libros necesitan un conflicto, pero todos los héroes siempre encuentran una forma de superarlo. Tú no eres diferente.

A partir de ahora, tu vida es una historia. Considera tu pasado como el capítulo 1. Tú eres el autor y el protagonista. La narrativa, los escenarios y los personajes están bajo tu control. Superar los conflictos y los retos es lo que mantiene tu historia entretenida.

Ahora estás preparado para adoptar la mentalidad orientada a subir de nivel.

¿Qué es la Mentalidad orientada a subir de nivel?

Mentalidad orientada a subir de nivel = Competir con tu yo del día anterior por el resto de tu vida.

Aunque pueda parecer un cambio mental desalentador, te ayudará a convertirte en tu mejor yo. Adoptando esta mentalidad es como te conviertes en el mítico Fénix que renace.

Adoptar la mentalidad orientada a subir de nivel te permitirá diseñar tu futuro.

Durante la mayor parte de tu vida, te han enseñado a competir con los demás, a resentir lo que ellos tenían y a infravalorar lo que tú tenías. Pero, ¿a dónde te ha llevado eso? Puede que te haya ayudado a crecer en ciertas facetas de tu vida, seguro. Pero la competencia incesante con los demás no te hace mejorar, sino que, en última instancia, te hace sentir vacío. Adoptar la mentalidad de subir de nivel hace que tu cerebro entre en modo de crecimiento y libere tu felicidad en el proceso.

Atasco vs. Mentalidad de Carril Despejado

Competir con todo el mundo te da una mentalidad de

atasco. Competir con tu yo del día anterior te da una mentalidad de carril libre.

Permíteme explicar las diferencias entre las 2 perspectivas para que tenga sentido el hecho de adoptar la mentalidad de subir de nivel.

Competencia con todo el mundo: esto es cuando estás creando una competencia sin fin. Simplemente estás invitando al tráfico a tu vida.

"¿Así que me deshago de mi espíritu competitivo?"

No, por supuesto. Lo necesitas. Pero vamos a redirigir el espíritu competitivo. Volveré al concepto de reorientación en breve.

Competir con otros hace que tu ego sea arrastrado en demasiadas direcciones. Una estrategia muy pobre para el crecimiento a largo plazo. ¿Quieres saber algo? Cuando compites con otros, no mejoras, te amargas.

¿Por qué más amargado?

Te amargas más porque nunca celebras una mierda. Digamos que tienes 1000 suscriptores en YouTube en tu primer mes. Una hazaña impresionante, ¿verdad?

"Sí".

Bueno, tu mente saltará inmediatamente de ese logro para encontrar a alguien que consiguió 2000 suscriptores en un mes. En lugar de alegrarte, encuentras la manera de hacer agujeros en tu logro.

Date cuenta de que cada uno está en su propio camino. Comparar tus 3 meses con los 3 años de otra persona es un error y una tontería. Estás acumulando logros con el único objetivo de superar a otras personas. ¿Qué clase de viaje es ese? Invitas a un tráfico innecesario en tu vida.

Pero, ¿y si queremos ver un carril claro?

Compite con tu yo del día anterior: Ahora, en lugar de intentar vencer a todo el mundo, te inspiras en ellos. Inmediatamente sustituyes tu emoción negativa y amarga por una emoción positiva que te empodera. Has sustituido una batería de mierda por una llena de vida.

Con la nueva batería, tienes más energía que nunca. Tu claridad mental y tu estado emocional están ahora trabajando contigo y no contra ti. Es hora de aprovechar esa inspiración para hacer cambios significativos en tu vida.

¿Ejemplo, por favor?

Me alegro de que lo preguntes.

Digamos que estás tratando de aumentar tu número de seguidores en Twitter. Observa lo que otras personas de éxito en la plataforma hacen constantemente, día tras día. Entonces, simplemente incorpora algunas de sus estrategias también. Así es como te inspiras como un jefe.

¿Qué pasa con mi espíritu competitivo?

¿Recuerdas que dije que íbamos a redirigir tu espíritu competitivo?

Sí.

Pues bien, ahora estás compitiendo contigo. De ahora en adelante, querrás superar siempre a tu yo del día anterior. Esa es tu única competencia. Tu yo del día anterior es un vago y debe ser derrotado a toda costa.

¿Lo entiendes?

1.Coge las estrategias que te inspiran para crecer y utiliza tus propias estrategias.

2.Poner en práctica.

3.Haz que hoy sea mejor que ayer y que mañana sea mejor que hoy.

Estos 3 principios son los fundamentos básicos de la mentalidad de subir de nivel. Así es como se pone la mente en modo de crecimiento.

¿Y la parte más hermosa? Ahora estás corriendo tu propia carrera, no la de otros.

Este cambio de mentalidad hará que pases de ser un amargado inútil -> mejor semental. Todos los coches se han ido ahora campeón. No hay tráfico en absoluto. La autopista de la vida es toda tuya. El mundo es tuyo. Solo conduce hacia adelante TODOS los días. Puedes parar a repostar, ¡pero no dejes de conducir nunca!

El cambio de mentalidad de subir de nivel cambiará tu vida para bien.

Utilizar el perdón para subir de nivel

El perdón es un prerrequisito para dejar ir. Dejar ir es un prerrequisito para seguir adelante. Seguir adelante es un prerrequisito para el crecimiento.

¿Por qué la vida es tan difícil?

Porque te estás aferrando a la culpa y a los escenarios de "qué pasaría si". Necesitas perdonarte a ti mismo.

1. Enmiende su pasado.

2. Tener claridad para el presente.

3. Manifiesta tus sueños de futuro.

Bingo.

Aferrarse a la culpa solo dará lugar a más culpa. A menudo lo hacemos sin ni siquiera saber que lo hacemos.

Imagínate esto.

Estás corriendo una carrera.

Pero la corres con un ancla atada a ti.

¿Puedes correr la carrera a toda velocidad?

No, no puedes.

Lo mismo ocurre con la vida, imagínate esto.

Estás tratando de subir de nivel.

Pero lo estás haciendo con arrepentimiento, culpa, duda y escenarios de "qué pasaría si".

¿Puedes progresar a toda velocidad?

No, no puedes.

Eres rápido para perdonar a los demás, pero eres lento para perdonarte a ti mismo. ¿Por qué?

Porque siento que no merezco el perdón".

Pero lo mereces, todos lo merecemos.

Sin embargo, hay una trampa.

¿Cuál es?

Primero tienes que APRENDER de los errores.

Porque todo el mundo merece el perdón, pero solo unos pocos se lo ganan. Permíteme explicarte.

Los seres humanos son criaturas defectuosas. Cometemos errores y tenemos lapsos de juicio. Pero los humanos son criaturas adaptables. Tenemos la capacidad de evolucionar.

Evolucionas utilizando tu pasado como información. No tiene sentido pasar por una experiencia si nunca vas a aprender de ella. Tu pasado te dará una sabiduría que durará otras 10 vidas. Un día verás que los arrepentimientos conducen al crecimiento. Los arrepentimientos te sirven de brújula para saber dónde hacer introspección:

Arrepentimiento + Introspección = Sabiduría

Y así es como se repara el pasado. Aprendes de lo que hiciste bien y de lo que hiciste mal. Al hacer ambas cosas en armonía, evolucionarás.

Una vez que empiezas a evolucionar, el ancla con la que corrías se vuelve cada vez más ligera para que puedas correr cada vez más rápido.

Ahora tienes claridad para el presente. Y la claridad del presente te permite desarrollar un enfoque láser para tu futuro.

Todo comienza con el aprendizaje de tus errores pasados y el perdón a ti mismo. Hasta que no lo hagas, tu viaje de subida de nivel te parecerá una misión imposible.

Pero una vez que te perdones a ti mismo... La vida ya no se sentirá difícil, se sentirá plena.

Y así es como aprovechas tu pasado en lugar de dejar que te autodestruya. Así es como conviertes el ancla en combustible. Una vez que hayas hecho eso, estarás listo para subir de nivel a niveles sin precedentes.

Subir de Nivel Requiere Egoísmo

La mentalidad orientada a subir de nivel requiere un:

-altruista -> transformación desinteresada.

Tienes que ser muy egoísta para amarte plenamente, tanto en lo bueno como en lo malo. Una vez que te amas a ti mismo, te vuelves confiado. A continuación, sé desinteresado y ayuda a los demás a amarse a sí mismos.

Donde muchas personas se equivocan es en que dan la vuelta a esta estrategia. Son demasiado desinteresados al principio.

¿Qué hay de malo en ser desinteresado?

Es una mala estrategia cuando todavía tienes que descubrir tu propio valor.

"Hmm... no estoy seguro de entender lo que dices".

Cuando no te valoras a ti mismo y simplemente intentas que los demás se sientan valorados, ocurre algo peligroso.

¿Qué?

Te enfrentas a la vida como una persona poco valorada socialmente. Esto afectará negativamente a tus modales.

"¿Afectar cómo exactamente?"

Empezarás a hacer cosas como:

-Reír mucho

-Agredir sin parar

-Mostrar un lenguaje corporal incómodo

-Hablar en voz baja

-Evitar el contacto visual, etc.

¿Te resulta familiar?

"Sí, parece que estás describiendo a un buen tipo".

Así es.

La amabilidad se produce cuando alguien quiere hacer que los demás se sientan valorados sin ni siquiera valorarse a sí mismo. ¿Resultados? La otra persona trata a la persona simpática como una persona poco valorada socialmente. Esto es algo muy triste de presenciar, sobre todo teniendo en cuenta que la persona amable no tiene ninguna intención de hacer daño.

Por eso recomiendo la estrategia del egoísta al desinteresado. Siempre me pongo a mí misma en primer lugar. Siempre miro por mis intereses por encima de los de los demás y no siento vergüenza por hacerlo porque lo hago con buenas intenciones.

"¿Cómo? Parece que estás siendo egoísta".

Lo estoy.

En la etapa "egoísta", tu objetivo es convertirte en la mejor versión de ti mismo. Persigues despiadadamente la visión de tu vida y sigues tachando tus objetivos. Cada objetivo que tachas, más aumenta tu valor. Permíteme consolidar este concepto con una analogía.

¿Qué piloto quieres que vuele tu avión?

A.La persona que tomó unas cuantas clases de vuelo antes de abandonar.

B.¿La persona que completó las clases de vuelo y voló con éxito un avión un montón de veces?

B, por supuesto".

¿Por qué?

Porque B tiene más experiencia y valor.

Exacto. El hecho es que tanto A como B pueden tener buenas intenciones. Pero B puede realmente ayudar a la gente porque ha trabajado para ser valorado. Y ahora tú debes hacer lo mismo. No tiene sentido ayudar a los demás si vas a ofrecer una versión inferior de ti mismo.

Tómate el tiempo de invertir en tu vida y sé egoísta. Conviértete en la mejor versión de ti mismo que puedas ser. Una vez que sientas que estás ganando habilidades y empezando a valorarte, ENTONCES podrás ser desinteresado. Y créeme, ¡la gente te querrá más por ello!

Una vez que empieces a ayudar a la gente, serás capaz de identificar muchos de los problemas a los que se enfrentan. ¿Por qué? ¡Porque tú pasaste por esos mismos problemas de primera mano en tu etapa egoísta! Por lo que serás capaz de proporcionar consejos y tácticas súper precisas para ayudarles a superar sus propias deficiencias

El hecho de que ayudes a la gente con sus defectos hace que se den cuenta de que no están solos. En tu etapa desinteresada, estás guiando a las personas a convertirse en su mejor yo. ¿Resultados? Pronto empiezan a quererse más a sí mismos. Sin darse cuenta, te verán como una estrella carismática.

Así es como debe jugarse el juego. Adopta hoy el estilo de vida de egoísta a desinteresado. Crecerás y ayudarás a otros a crecer en el proceso.

Dos pájaros de un tiro.

Subir de nivel
REQUIERE responsabilidad

Las personas que practican la responsabilidad son difíciles de controlar. Saben pensar por sí mismos. La sociedad no quiere eso porque las personas que piensan por sí mismas son las primeras en romper las normas que la sociedad les ha impuesto.

¿Con qué frecuencia ves que la corriente principal anima a la gente a ser responsable de su propia vida? Rara vez, o nunca.

Lo que se ve desde la corriente principal es que se promueven creencias limitantes sin parar. Se promueven montones de historias que dicen que el color de tu piel, tu edad o tu género te impedirán tener la vida que quieres. Victimismo 101.

Puras tonterías. Mi familia y yo venimos de las aldeas de un país del tercer mundo, llegamos a los Estados Unidos y nos enfrentamos a nuestra parte de discriminación. Pero, ¿adivinen qué? Todavía nos levantamos. ¿Cómo? A través de la responsabilidad.

Sabíamos que quejarnos de nuestras circunstancias no nos llevaría a ninguna parte. Así que trabajamos en nuestro inglés, encontramos trabajos, hicimos conexiones, etc. Superamos todos los obstáculos que se nos presentaron.

Y a medida que nos hacíamos más responsables de nuestras vidas,

aumentaba nuestra capacidad de pensar por nosotros mismos. Empezamos a ver a través de la propaganda con la que la sociedad nos ha lavado el cerebro.

Tus circunstancias nunca fueron el problema, lo fue tu mente débil.

Pero la sociedad quiere que las mentes débiles anden por ahí, principalmente porque las mentes débiles son fáciles de controlar. La responsabilidad cambia TODO el juego. La rendición de cuentas te obliga a ejercitar tu mentalidad asumiendo la responsabilidad de tu propia vida. Así es como descubres tu poder interior.

Han pasado más de 20 años desde que me mudé a los Estados Unidos. Desde entonces, he dirigido tiendas de comercio electrónico y campañas de marketing rentables, he trabajado en un dispositivo patentado, soy ingeniero, etc. Mientras que muchos otros que llegaron al país por la misma época siguen culpando a su color de piel de sus problemas. Es de risa.

Señalar con el dedo y ser una víctima no es algo de lo que estar orgulloso. Es algo de lo que hay que avergonzarse.

No caigas en la trampa de que te laven el cerebro. Tienes pleno
control sobre tu vida.

Por eso, ser responsable es un elemento básico en el mundo de los niveles. Tienes que asumir la culpa de TODOS tus problemas y tu cerebro buscará soluciones, garantizado.

Cuando asumes la responsabilidad, se despierta la bestia oculta dentro de ti. Tu mente subconsciente odia estar en peligro, así que empieza a trabajar a toda máquina para que superes las amenazas. Ese es el poder de tu mentalidad.

A medida que vas subiendo de nivel, la responsabilidad se convierte en tu refugio. Te das cuenta de que el mundo es súper volátil e impredecible. Pero lo único sobre lo que siempre tendrás control son tus acciones.

El control de tus acciones te lleva a controlar tus resultados.

Control sobre tus resultados = Control sobre tu narrativa.

Control sobre tu narrativa = Mentalidad empoderada.

¿Lo entiendes? Se produce un efecto en cadena de crecimiento cuando se convierte en una prioridad ser responsable de lo bueno y lo malo. Una vez que lo hagas, tu mentalidad comenzará a crecer exponencialmente.

Así es como juegas al ajedrez mientras los demás juegan a las
a las damas.

Persiguiendo un Legado

Nunca se sabe a quién se inspira en secreto. Solo tienes que trabajar en tu campo, ser humilde, mostrar resultados y, sin saberlo, habrás formado una tribu.

Antes de comprometerte con la mentalidad de subir de nivel, quiero que te preguntes, ¿cuál es el objetivo final?

Si solo es mejorar para salir de la oscuridad y luego volver a las andadas, entonces puede que no sea la mentalidad adecuada para ti.

Las emociones son temporales. Así que si te sientes fuera de sí debido a tu momento de fondo, entonces entiende que los sentimientos desaparecerán algún día. Pero cuando los sentimientos desaparezcan, ¿qué sigue?

Volver a tu yo del pasado como víctima no hará que este sea un viaje valioso. Todo lo que estás haciendo es subir de nivel para eventualmente volver a bajar. Imagínate a una persona que emprende un viaje para perder peso, alcanza su objetivo y luego vuelve a ganar todo el peso. En mi opinión, no tiene sentido.

Pero si vas a empujar constantemente tu techo incluso cuando las emociones oscuras desaparecen, entonces la mentalidad de subir de nivel es para ti.

El objetivo principal de la mentalidad de subir de nivel no es ganar un par de dólares extra, ponerse en forma o diseñar un blog genial. El propósito principal de la mentalidad de subir de nivel es crear un legado. Tu objetivo es convertirte en una leyenda.

¿Pero no es demasiado difícil ser una leyenda? No del todo.

Una leyenda es vista como alguien que ha impactado positivamente en la vida de un determinado grupo de personas. Nota, no he dicho el mundo entero, he dicho un determinado grupo de personas.

El objetivo final de subir de nivel es perseguir una estrella del norte que te permita crecer a niveles significativos. A medida que crezcas, serás llamado a retribuir. Puedes retribuir a tus padres, a tus hijos o a tu comunidad. Sea lo que sea, debes retribuir.

Tienes que influir positivamente en la vida de algunas otras personas en este mundo antes de dar tu último aliento, de lo contrario, no has hecho bien tu trabajo.

Cuando adoptamos la mentalidad de subir de nivel, nos lanzamos a la leyenda o al fracaso. Los perdedores admitirán automáticamente su derrota y se rendirán.

¿Pero los ganadores? Están preparados para pasar al siguiente paso, porque saben que tienen un deseo primario de devolver. Es el momento de dar la vuelta a tu momento más bajo y subir de nivel de por vida.

Comencemos.

MENTALIDAD
ORIENTADA A SUBIR
DE NIVEL

PARTE 3:

Crear tu Estrella del Norte

La importancia de un Propósito de Vida

No se nace con un propósito, se cultiva.

El viaje de subida de nivel requiere una estrella del norte. Sin ella, solo estás caminando en círculos sin rumbo. Cuando no tienes un propósito de vida, a menudo pierdes el tiempo y ni siquiera lo sabes.

Es muy importante tener un propósito en la vida debido a cómo funciona el cerebro. El cerebro se nutre de desafíos, conflictos y, lo más importante, de una misión. Si no le asignas una misión a tu cerebro, él te asignará una.

Esto es arriesgado porque tu cerebro no siempre te dará la mejor misión que se adapte a tus deseos. Cuando no te asignas un propósito de vida, tu cerebro empezará a exagerar las cosas pequeñas. Te darás cuenta de que:

-Se preocupa mucho por las opiniones.

-Sentir un excesivo aburrimiento.

-Sentir un alto nivel de ansiedad.

Estos son solo algunos efectos secundarios de no tener un propósito. Cuando no buscas retos, tu cerebro los busca por ti.

Por eso, en lugar de caminar en círculos todo el día, quiero que diseñes 1 camino con una estrella del norte al final. La estrella del

norte será nebulosa al principio, pero se aclarará cuanto más avances en tu camino.

Con la estrella del norte en tu vida, estás haciendo un esfuerzo para dar pasos hacia adelante cada día, lo que simplificará tremendamente tu vida. Cuando tu vida se simplifica, ya no le das ninguna energía al drama, a los que odian, a las serpientes, a la venganza y a todo ese otro ruido.

Te vuelves mucho más selectivo con tu atención y empiezas a invertir tu energía en subir de nivel.

Ahora que entiendes la importancia del camino, vamos a

ayudarte a diseñar uno.

Diseñar una Estrella del Norte

Las personas que realmente se preocupan por lo que hacen tienen un brillo diferente. Tienen energía, empuje y un espíritu positivo que te alegrará el día.

Yo también he notado ese brillo. ¿Por qué?

Es porque han alcanzado la armonía interna. Cuando hay armonía, se produce la magia.

Para alcanzar la armonía, tu cerebro y tu corazón tienen que estar alineados. Cuando uno de ellos no está alineado, no te sentirás bien:

-Cuando tu cerebro está en ello, pero tu corazón no:

Esto se sentirá como un trabajo. Y cuando algo se siente como un trabajo, tiendes a arrastrar los pies. Puede que hagas la tarea, claro. Pero con cero entusiasmo.

-Cuando tu corazón está en ello, pero tu cerebro no:

Esto se sentirá como una confusión. Te divertirás mucho, pero algo se sentirá mal. Te preguntarás cómo este acto te ayudará a avanzar en la vida. Te preguntarás si estás siendo infantil.

Si eres alguien que se está iniciando en su viaje, puede que no tengas ni idea de por dónde empezar. Sé que yo no la tenía.

¿Qué acabaste haciendo?

Emprendí un viaje para descubrir mi camino.

Encontrar un propósito y alcanzar la armonía se gana. Por lo tanto, no lo alcanzarás desde el principio. Te encontrarás con muchas actividades que no son armoniosas y empezarás a dudar de ti mismo.

Para encontrar la actividad adecuada para tu vida, a menudo tomarás 2 caminos diferentes:

1. **Exterior** - Alguien del mundo exterior ha identificado lo que deberías ser en la vida. Muchas veces, los padres pueden entrar en esta categoría.

   Ejemplo: mucha gente quiere que sus hijos sean médicos. ¿Resultados? Tu propósito está identificado para ti.

2. **Interno** - Este es el que voy a ampliar un poco más. En este momento de tu vida, te sientes perdido porque quizás no has reflexionado lo suficiente o no tienes suficientes experiencias.

Has llegado a este punto de la vida pasando por una buena cantidad de experiencias. La pregunta es: ¿con qué frecuencia reflexionas sobre ellas para extraer las lecciones? Si no puedes pensar en la última vez que reflexionaste, es posible que ya hayas experimentado cuál debería ser el propósito de tu vida, pero no has tomado conciencia de ello. Reflexiona sobre tus experiencias pasadas y asegúrate de que no estás pasando por alto respuestas evidentes.

Sin embargo, si eres alguien que no ha experimentado mucho con la vida, ¡entonces necesitas experimentar! ¿Cómo vas a identificar tu objetivo sin ningún dato?

¿Qué hago?

¿Has tenido alguna vez un instinto visceral?

Sí, por supuesto.

Ese es tu cuerpo tratando de decirte algo.

"De acuerdo".

¿Has tenido alguna vez curiosidad?

"Sí, por supuesto".

Esa es tu mente y tu alma tratando de decirte algo.

"¡Guau!"

Por eso te recomiendo que sigas tu instinto y tu curiosidad en las etapas iniciales. Cuando tienes un rasguño, tienes que picarlo. Encontrar tu propósito a menudo requerirá que tomes algunos riesgos. Muchas veces, tu instinto y tu curiosidad te indicarán una dirección que da miedo.

¿Por qué da miedo?

Porque te estás adentrando en lo desconocido, y por eso necesitas mostrar valor. Nunca sabrás si está hecho para ti si no lo intentas.

¿Y si fracaso?

Si fracasas, fracasas. Pero al menos has sacado tus lecciones y datos de ello. Esa es la parte más importante.

Al abordar estas actividades, hay que tener en cuenta tres cosas:

1. Paciencia

2. Creatividad

3. Coherencia

   1. **Paciencia:** Toda actividad nueva es dura al principio. Pero hay que pasar por las etapas difíciles para formarse una opinión sincera. Si lo dejas porque es difícil al principio, ¡podrías perder la actividad que te cambiará la vida! PACIENCIA.

   2. **Creatividad:** Para ser paciente, hay que ser creativo. Encuentra formas únicas de hacer que las etapas difíciles sean divertidas.

   3. **Coherencia:** Sigue siendo constante y pasarás las etapas difíciles. La dificultad empieza a desaparecer. Cuando la dificultad se derrita, entonces podrás formarte una opinión sincera.

¿No es mucho trabajo?

Claro, pero ¿quién dijo que encontrar un propósito de vida iba a ser fácil? Pero tengo buenas noticias para ti.

1. Encontrar el propósito de tu vida = difícil.

2. Poner todo el empeño en el propósito de tu vida = fácil.

Así que ahora estás pasando por la parte difícil. Pero una vez que descubres lo que funciona para ti, ¡todo se vuelve más fácil!

Alcanzar la armonía te hace sentir que no trabajas ni un solo día en tu vida. Solo haces lo que te gusta. Tu vida se vuelve colorida y llena de significado.

Pronto tendrás energía, impulso y un espíritu positivo que nadie podrá quitarte. Dicho esto, ¡encuentra tu actividad de armonía y no pares hasta que lo hagas!

Crear un deseo

-Llevar a cabo planes de respaldo

-Pon imágenes de tu objetivo en tu entorno

-Habla de tu futuro cada mañana y cada noche

-Rodéate de personas motivadas

-Fijar plazos

-Actuar hasta que tu mente pase de pensar -> saber

Preguntas para Descubrir tu Estrella del Norte

Hazte preguntas a las que busques respuesta. Despertarás el lado creativo de tu cerebro. Este llamará a tus neuronas para que encuentren las respuestas. Entonces, tendrás destellos de las respuestas cuando menos lo esperes. También conocido como: Epifanías. Magia.

"¿Qué pasa con el hocus pocus de mierda de Armani?"

Ni mucho menos, amigo mío. ¿Alguna vez has tenido ese momento en el que intentabas recordar algo, pero no podías? ¿Pensabas y pensabas, pero nada?

Sí.

Así que dejaste de pensar y volviste a tu día.

Pero al pasar el tiempo, de la nada, la respuesta apareció en tu cabeza. Tuvo su momento eureka.

Pues bien, este mismo concepto es aplicable a otras facetas de tu vida. Solo se trata de entender tus dos mentes.

Las dos mentes:

-La mente consciente: tu mente crítica. La punta del iceberg.

-Mente subconsciente: la base de datos de toda tu vida.

El iceberg.

Las preguntas hacen que tu mente consciente y subconsciente trabajen juntas. Cuando haces una pregunta con tu mente consciente, tu mente subconsciente tiene la necesidad de responderla. Y no dejará de trabajar entre bastidores hasta que lo haga.

1. Haz preguntas detalladas a las que busques respuesta para. Sé vívido y haz preguntas que te hagan sentir. Piensa en grande.

2. La mente subconsciente se despertará y se pondrá a trabajar.

3. Espera la respuesta.

La respuesta puede llegarte en cualquier momento. A menudo, se te presenta la respuesta y la descartas porque no es lógica. Pero no lo hagas. El avión, la bombilla y el teléfono se consideraban ilógicos, hasta que dejaron de serlo.

Los humanos tenemos más poder del que nos atribuimos. Podemos convertir lo imposible en posible si tenemos el deseo de hacerlo. No te olvides de tu potencial.

Hazte preguntas a medida que vas pasando por tus experiencias, y notarás destellos de respuestas que vienen a ti. Así es como despiertas tu Houdini interior.

Tercera Perspectiva sobre Ti Mismo

Doma tu ego y piensa: "¿Querría salir conmigo mismo?". Sé sincero. Si no es así, averigua por qué. Una vez que hayas identificado las razones, arregla esos defectos y peculiaridades. Así de sencillo. Así es como se audita la personalidad.

"¿Por qué no ver mis defectos a través de la primera perspectiva?

Porque estás liderando con tu ego. Dirigir con tu ego puede hacer que pases por alto defectos que te están frenando. Por lo tanto, necesitas la estrategia de la tercera perspectiva para matar momentáneamente tu ego.

Vamos, cierra los ojos y mírate a ti mismo acercándote.

¿Cara amable o cara de enfado?

¿Buenas o malas vibraciones?

¿Pulido o descuidado?

Sigue analizando.

Hacer esta estrategia te dará muchas llamadas de atención que te ayudarán a navegar hacia una estrella del norte. Lo mejor de esta estrategia es que aporta conciencia a tu vida. No tendrás ni idea de lo que tienes que cambiar o subir de nivel. Es sencillo.

Tómate 15 minutos cuando termines de leer esto para verte desde un ángulo diferente. Pon tu ego a dormir temporalmente y analiza. No juzgues, simplemente observa desde lejos. Te quedarás atónito con tus descubrimientos. Verás muchos errores tontos y obvios que estabas mostrando claramente. Te preguntarás cómo has pasado tantos años sin ver estas peculiaridades.

Bueno, más vale tarde que nunca.

Intenta hacer este ejercicio 3 veces a la semana para obtener resultados efectivos.

HACK de la vida:

Decora tu habitación con pósteres, objetos, fotos de cosas que estén en consonancia con tu visión a largo plazo.

Todos estos artículos NECESITAN hacerte sentir.

Es una forma muy efectiva de comunicarse con el subconsciente.

Ahora verás tu visión cuando te despiertes y antes de irte a dormir.

Cómo hacer una introspección de tu pasado y tu presente para aclarar tu future

Si no encuentras ningún defecto en ti mismo mientras haces introspección, entonces no estás haciendo introspección. Simplemente estás teniendo una sesión de acariciar el ego.

¿De qué sirve pasar por una experiencia vital si nunca vas a aprender de ella? Es desconcertante la cantidad de gente que pasa por alto todo el proceso de introspección. ¿Cómo lo sé? Porque yo solía ser una de esas personas.

Pero la introspección contiene más respuestas de las que puedas imaginar. Lo creas o no, ya tienes la mayoría de las respuestas que buscas, solo que no has tomado conciencia de ello.

¿No sabes cuál es el propósito de tu vida? Haz una pausa y date un paseo por el carril de la memoria.

Pero ten cuidado, asegúrate de que estás caminando por el carril de la memoria correctamente, o puedes ser atropellado por un camión.

Mirar sin rumbo en el pasado es peligroso. Cuando miras sin rumbo en el pasado, solo sales con remordimientos. Cambia de estrategia.

Mira al pasado a propósito. Y la forma de hacerlo es mirando a tu pasado con la única intención de recoger las lecciones que pasaste por alto.

Si no tienes idea de sobre qué hacer introspección, entonces encuentra usar tus arrepentimientos como brújula:

1.Encuentra 1 cosa de tu pasado de la que te arrepientas.

2.Encuentra 3 lecciones de ese arrepentimiento.

3.Aplica esas 3 lecciones en el futuro.

Se sentirá como si te hubieras quitado un ancla de tu cuerpo.

Cuantas más anclas elimines, más claridad obtendrás. Y cuanta más claridad ganes, más verás lo que eventualmente pasaste por alto.

¿Es el propósito de tu vida lo que ves?

Quién sabe, tienes que seguir y probar este ejercicio.

Reflexiones finales sobre la Estrella Polar

Tenemos la tendencia a querer que todo salga perfecto antes de empezar. Esperamos el momento adecuado, la aprobación de nuestros compañeros y las señales claras para empezar.

¿Pero quieres saber algo?

Nunca hay un momento adecuado. Si esperas el momento adecuado, estarás esperando para siempre. Los mayores logros los obtuvieron aquellas personas que empezaron antes de estar preparados. Y así es como tienes que enfocar tu viaje de subida de nivel también.

Lo que ocurre con el propósito de tu vida es que nunca está grabado en piedra, es algo que evoluciona con el tiempo. A medida que acumulas nuevas experiencias, maduras, conoces a nuevas personas, tu propósito de vida puede refinarse y cambiar.

Y eso es completamente normal. Esperar que el propósito de tu vida siga siendo el mismo durante toda tu vida te priva del crecimiento y del potencial para encontrar algo mejor.

Pero para perfeccionar y aclarar tu estrella del norte, tienes que empezar. Cuanto más tiempo te quedes al margen, más pensarás en exceso. Cuanto más pienses, más empezarás a dudar de ti mismo. Pronto abandonarás la carrera, incluso antes de empezar.

Dicho esto, empieza hoy mismo. Tu trabajo no es hacerlo perfecto desde el principio. Tu trabajo es empezar y perfeccionarlo desde el principio.

Ahora experimenta, traza un camino y convierte tu nebulosa estrella del norte en una clara.

MENTALIDAD ORIENTADA A SUBIR DE NIVEL

PARTE 4:

Controlando tu Mente

Las 2 Mentes

Aprende a controlar tus pensamientos para poder controlar tu comportamiento. Aprende a controlar tu comportamiento para poder controlar tus acciones. Aprende a controlar tus acciones para poder controlar tus resultados. Aprende a controlar tus resultados para poder controlar tu legado.

Hace unos años, mi amigo me hizo una pregunta sobre cómo veo la mente. Esa pregunta me hizo pensar...

¿Qué es exactamente la mente? Porque el cerebro es una entidad física. Pero no puedes ver la mente, simplemente está ahí. Diablos, ¡estás usando la mente para leer estas palabras ahora mismo!

Cuando me puse a investigar esta pregunta durante muchos años, me di cuenta de una cosa importante. La pregunta fue formulada incorrectamente. La forma correcta de formular la pregunta debería haber sido:

¿Cómo ves las mentes?

Siempre hubo dos mentes: La mente consciente y la subconsciente.

La mente consciente es tu mente crítica y tu mente subconsciente es tu mente emocional.

Tu ego, tu sentido del yo, es la mente que descansa entre

tu mente consciente y subconsciente.

Entonces, ¿qué mente tiene una mayor influencia en tu realidad? La mente subconsciente, ni de lejos. La mente subconsciente dicta al menos el 95% de tu realidad.

En el fondo, eres una criatura emocional. Así que no debería ser una sorpresa que tu mente de sentimientos emocionales tenga tanto peso en tu día a día. Un humano suele sentir primero la emoción y luego procesa la información con la lógica.

Pero tienes que asegurarte de que eres consciente de este concepto porque la mente de los sentimientos emocionales te llevará a tomar muchas decisiones irracionales, si se lo permites.

Imagina un miedo que tengas actualmente. Digamos que te
que te aterra hablar en público.

Si una persona que tiene una gran ansiedad por hablar en público es llamada al escenario, sentirá terror e intentará evitarlo. ¿Es una opción lógica? La verdad es que no. La persona tiene que subir al escenario durante 5-8 minutos, hablar, bajar del escenario y luego todo el mundo puede volver a su día.

Pero eso no es lo que ocurre. Este individuo siente primero el miedo, encuentra la manera de no subir al escenario y luego

intenta explicar lógicamente su decisión. Bueno, me sentía mal", dicen.

Después de leer esto, es posible que te sientas culpable por haber hecho un truco similar alguna vez en tu vida.

Pero el punto final es que tu mente emocional está dictando una gran parte de tu realidad. Y a tu mente emocional le encanta la comodidad. Esta es la razón principal por la que muchas personas se quedan en la zona de confort. Tu mente consciente puede querer más, pero la parálisis paralizante del miedo los detiene.

Sin embargo, tu mente consciente tiene el PODER de anular la mente subconsciente. Cuando eres capaz de usar tu mente pensante para anular la mente emocional, has demostrado VALENTÍA.

Cada vez que has hecho algo valiente en tu vida, te garantizo que tu corazón estaba latiendo sin parar de antemano. Pero mostraste la valentía para continuar de todos modos. Así es como se crece como persona.

Pero la mente emocional no es una especie de monstruo que te retiene. Es una base de datos de tu vida, diseñada para hacer cosas para mantenerte a salvo. En muchos casos, se ocupará de ti cuando no seas consciente.

¿Alguna vez has tenido un instinto que no has podido explicar? Algo te parecía mal en alguien, pero sentías que estabas haciendo una tontería. Así que decidiste seguir tu mente lógica y dejar de lado esa sensación ilógica. Pero a medida que avanzabas con esa persona, te diste cuenta de que tu instinto tenía razón. ¿Te resulta familiar?

Pues adivina qué, tu mente emocional también es responsable del instinto visceral. Piensa en términos de energía, una herramienta muy valiosa cuando se trata de seres humanos.

Las dos mentes te ayudarán a guiarte en tu viaje. Pero

entiende que necesitas encontrar un equilibrio:

-Si piensas demasiado con tus sentimientos e ignoras tu lógica, corres el riesgo de actuar de forma impulsiva.

-Si piensas demasiado con tu mente lógica e ignoras tus sentimientos, corres el riesgo de ignorar tu intuición.

Fue Lao Tzu quien dijo:

"Dominar a los demás es la fuerza. Dominarte a ti mismo es el verdadero poder".

Encontrar el verdadero equilibrio entre tu mente lógica y tu mente emocional es un viaje que dura toda la vida. No es algo que aprenderás a manejar en un libro. Es algo que aprenderás con el dolor, los fracasos, la sabiduría y la introspección.

A medida que crezcas y madures, sentirás un mayor dominio de tu mundo interno. Cuanto más fuerte sea tu comprensión, más progresarás en el dominio de ti mismo.

¿Es el ego algo malo?

Demasiado ego = Egoísta

Demasiado poco ego = Empujador

Ego domado = Claridad

El ego puede ser tu mejor amigo o tu peor enemigo. El ego es tu sentido del yo, tu identidad. Es la mente que se encuentra entre tu mente consciente y subconsciente.

Pero, por desgracia, el ego ha adquirido una mala reputación en el mundo real. Sin embargo, ¡está muy equivocado! Necesitas un ego.

¿Por qué es importante? Porque tu ego te da un sentido de propósito. Si intentas eliminar tu ego, intentas eliminar tu sentido del yo. Al tratar de eliminar tu sentido del yo, te conviertes en un complaciente de la gente cuyo único objetivo es vivir de aprobaciones.

El ego es necesario para tu viaje de subida de nivel. Pero un ego viene en dos formas: indomado y domesticado.

Un ego no domesticado es cuando tu ego te gobierna. Este es el tipo de ego que no quieres.

Señales de un ego indomable:

De mentalidad limitada

Reactivo

Narcisista

Interrumpe a los demás

Un ego indomable hará que tu viaje de subida de nivel parezca una misión imposible. Vas a hacer que mucha gente se equivoque y tomarás muchas decisiones sin visión de futuro. Por eso hay que domar el ego.

Domar el ego no es una tarea fácil. A menudo ocurre en la oscuridad. 6 formas de domar el ego son:

-La vergüenza

-Las cosas que van mal

-Reflexión

-Perspectivas añadidas

-Meditación

-Conciencia

Domar tu ego significa que ya no piensas que todo el mundo debe vivir según tu realidad. Entiendes que todo el mundo vive también en su propio mundo. Esto

te ayuda a sentirte más liberado porque ya no piensas que todo el mundo te observa.

Una vez que lo domesticas, aprovechas tu ego para dar

respuestas constructivas y no reacciones destructivas.

Esta transición es enorme porque ahora tu ego ya no te gobierna. Más bien, tú lo gobiernas y lo utilizas como una herramienta.

Tener un ego domado hace que alimentes tu ambición y te esfuerces por crecer. Pero lo más importante es que tu ego domado te ayuda a tomar decisiones inteligentes que te ayudan a largo plazo.

Señales de un ego domesticado:

Mente abierta

Compasivo

Sensible

Gran oyente

Tu ego es el sentido que influye en tu autoestima. Así que asegúrate de que estás aprovechando un ego domado para subir de nivel en lugar de un ego indómito para bajar de nivel.

Diseñar un segundo ego

Crea un segundo ego con la mejor versión de ti mismo. Luego hazte amigo de tu otro ego. Te sentirás más seguro e imparable.

¿Cuándo sé si me he hecho amigo de mi segundo ego?

Cuando te conviertes en tu segundo ego.

Alrededor de mis 20 años, emprendí un viaje para convertirme en mi mejor amigo. Soy un ingeniero que ha construido sistemas para múltiples industrias. Tenía que haber una forma de diseñar un sistema para mi vida. Mmm...

Leí libros, vi vídeos, pregunté a mentores, etc. Pero cada vez que buscaba las respuestas externamente, me sentía decepcionado. Por eso decidí tomar el asunto en mis manos.

Después de mucho tiempo y un montón de pruebas y errores, llegué a una conclusión:

Escribir y hablar era la respuesta.

Tenemos muchos pensamientos y sentimientos que fluyen a través de nosotros a diario. Si buscas en Google cuántos pensamientos tienes a lo largo del día, ¡la cifra es de más de 30.000! Así que tienes que sacarlos de tu mundo interno al mundo externo.

Paso 1- Crear el otro yo

Ahora que tienes un propósito de vida, necesitas diseñar el otro yo para alcanzar ese propósito. Recuerda:

Para conseguir lo que quieres, tienes que actuar como la persona que ya lo ha conseguido.

Esta debe ser una imagen de tu mejor yo. Mi recomendación es que escuches música de gimnasio y pienses en GRANDE. Crea el ser perfecto en términos emocionales, físicos, financieros, espirituales, etc.

Paso 2. Escribe

La mayoría de la gente lleva un diario sobre su pasado o su presente. Sin embargo, con esta estrategia, vamos a cambiar las cosas. Ponte en la mente de tu otro yo y dale consejos a tu yo actual. Habla de lo que sea. Si hay momentos difíciles en tu vida, haz que tu otro yo te guíe para salir de ellos. Analicen sus movimientos juntos. HABLEN COMO AMIGOS.

Paso 3. Espejo

Ahora haz la misma estrategia, pero frente a un espejo. Haz contacto visual directo y habla. Haz que tu otro yo te diga cualquier cosa relevante que te ayude a alcanzar tu mejor yo.

Paso 4. *Audio Descargar Audacity + comprar un micrófono USB, o simplemente descargar una grabadora en su teléfono*

Haz lo mismo que en los pasos anteriores, pero grábate

a ti mismo. Este es tu diario de audio. Vuelve a escuchar tu charla una vez que hayas terminado.

¿Por qué estoy haciendo todo esto?

Porque estás recableando tu mente subconsciente. Al escribir y decir todo lo que existe, y luego leerlo y escucharlo, estás creando y consumiendo las palabras de un nuevo ser, tu otro ego.

¿Cuánto tiempo tardaré en notar los cambios? Depende.

He visto resultados diferentes. A mí me costó 2-3 meses de hacer esto todos los días para ver grandes cambios. La única manera de averiguarlo es ejecutando esta estrategia.

Pocos efectos extras de esta fórmula:

1. Te conviertes en un mejor escritor ya que estás escribiendo todos los días.

2. Tu lenguaje corporal mejora porque estás hablando frente al espejo todos los días.

3. Te conviertes en un mejor orador porque te grabas hablando todos los días.

Esta estrategia no es algo que vayas a encontrar en Google. Acabo de descubrirla por mi cuenta mientras intentaba experimentar con tácticas de recableado mental.

No pienses que esta estrategia te excusa de ponerte a trabajar.

Esta estrategia hará que tu mente consciente y subconsciente trabajen juntas para que puedas sentir que tienes más control sobre tu vida. Pero todavía tienes que trabajar mucho por tus sueños. No te quedes sentado escribiendo y hablando y luego vuelvas a ver Worldstar todo el día.

Habla y consume las palabras de tu otro yo, hasta que un día te conviertas en él.

Reconfigura tu mentalidad con la conciencia

Interrumpiendo tus pensamientos es como recableas tu mentalidad.

1. *Hazte consciente cuando entres en un bucle de pensamientos negativos.*

2. *Interrúmpalo.*

3. *Sustitúyelo por un pensamiento fortalecedor.*

Cada vez que interrumpes, cada vez que has completado una repetición mental.

"Trabajas tu cuerpo, ¿verdad?"

Sí

¿Y tu mente?

No

Pues es hora de cambiar eso. Una repetición mental no es diferente de un ejercicio de bíceps. Una repetición mental es un entrenamiento de fuerza para la mente.

El componente clave del entrenamiento mental es la conciencia. Cuanto más entrenes tu conciencia, más fuerte será tu poder mental.

1.**Hazte consciente** cuando entras en un bucle de pensamientos negativos - Tu mente está naturalmente inclinada a tener pensamientos negativos por razones de supervivencia. Cuando entiendes este concepto básico, es mucho más fácil hacer algo al respecto.

-Conciencia = Notar sin juzgar.

2.**Interrumpirlo**- Una vez que te has hecho consciente, has ganado una cantidad significativa de poder de vuelta. La mayoría de las personas no llegan al paso 2 porque simplemente dejan que los pensamientos negativos se desarrollen. Pero tú vas a interrumpirlos. ¿Cómo? A través de la sustitución.

3.**Recuerda, saltamontes**, que no dejas de pensar, sino que REEMPLAZAS los pensamientos. Sustituye el pensamiento negativo por uno que te empodere.

-Puedes intentar pensarlo, decirlo o escribirlo.

Eso es una repetición mental. Cuantas más repeticiones hagas, más te:
☆ debilitas tus vías neuronales negativas.

☆ tus vías neuronales positivas.

Cosas que cambian la vida si llevas constantemente tu cerebro al gimnasio. Cuanto más fuerte es la mente, más fácil es la vida.

Domina tu Mente

Convierte la vergüenza en motivación.

Convierte a los que odian en testigos.

Convierte el miedo en una brújula.

Convierte la timidez en carisma.

Convierte la baja autoestima en una confianza divina.

Percepción.

Ve la vida como TÚ quieres.

Tú gobiernas tu mente, no al revés.

Actúa como tal.

Unir las dos Mentes

La respiración está controlada por tu mente subconsciente.

La conciencia está controlada por la mente consciente.

Cuanto más meditas, más construyes un puente entre las dos mentes.

Un puente más fuerte conduce a:

☆ Mayor confianza

☆ Menos ansiedad

☆ Una mayor concentración

La meditación te permitirá desbloquear un nuevo portal, no te duermas ahora. Empecemos con el PORQUÉ de la meditación. Actualmente, tienes la mente de mono. Tu mente está inquieta y tus pensamientos son incontrolados.

Pensamientos descontrolados -> Emociones descontroladas -> Ansiedad

La razón por la que haces meditación es para domar tu mente. Actualmente, eres la perra de tu mente. Sigues ciegamente

tus pensamientos irracionales y ni siquiera lo sabes. Queremos que te conviertas en el gobernante.

¿Cómo lo hago, amigo?

Construyendo el puente invisible entre tus dos mentes. Diseñando con maestría este puente, te convertirás en el gobernante de tu reino.

Hay toneladas de tácticas de meditación por ahí, pero voy a describir la meditación de la respiración.

Cómo hacer la meditación de la respiración:

1. Busca una zona tranquila.

2. Cierra los ojos.

3. Cuenta tus respiraciones NATURALES.

4. Cuando se pierda en tus pensamientos, hágase consciente y vuelva a contar tus respiraciones.

Perderás la cuenta de tu respiración muchas veces, pero no te preocupes. La meditación debe hacerse sin juzgar. Lo principal es que te hagas CONSCIENTE.

CADA VEZ QUE TE HACES CONSCIENTE, MÁS FUERTE SE HACE EL PUENTE.

La conciencia permite que tu mente consciente establezca contacto visual con tu mente subconsciente. El principio básico de la meditación es ejercitar la conciencia.

Cuanto más fuerte sea tu músculo de la conciencia, más se derretirá tu mente de mono. Cuanto más fuerte se vuelve tu puente, más te sientes completo.

Te sientes más vivo que nunca.

Ahora has entrado en un nuevo portal. Te darás cuenta de que la mayoría de la gente se pasa la vida dando vueltas con una mente de mono, pero tú no. Tú has domesticado tu mentalidad.

Dicho esto, haz que la meditación sea más que un acto, conviértela en un estilo de vida. Empieza con 5 minutos al día y ve subiendo. Cada vez que medites sin saltarte un día, cada vez que te acerques al impulso.

El impulso te permitirá controlar tus pensamientos a voluntad.

El impulso te permitirá controlar tus emociones a voluntad.

El impulso te permitirá controlar tu respiración a voluntad.

El impulso te permitirá controlar tu realidad a voluntad.

Ahora vete. Medita cada día durante el resto de tu VIDA. Y descubre el potencial sin explotar de tu mente.

La diferencia entre la meditación y la atención plena

¿Cuál es la diferencia entre meditación y atención plena?

Para mí, la meditación es una actividad y la atención plena es un estilo de vida.

Reservo tiempo para meditar como si fuera una actividad. Y me propongo hacer conciencia plena a lo largo del día como un estilo de vida. Ambas cosas se complementan.

¿Qué quieres decir con que ambas se complementan?

Básicamente, cuando meditas más, te vuelves más consciente y cuando eres consciente, es más fácil meditar.

La meditación consiste en reservar un tiempo para concentrarse en algo en el momento presente, como la respiración, un objeto, las sensaciones físicas, etc.

La atención plena es cuando te haces consciente a lo largo del día. Cuando te sorprendas a ti mismo pensando en lo que haces durante el día, toma conciencia y vuelve al presente.

Ejemplo: Digamos que estás conversando con alguien y que te está contando una historia. Te quedas dormido y sueñas despierto.

Toma conciencia de tu ensoñación y luego vuelve al momento presente para prestar atención.

Hacer ambas cosas al unísono es una forma fantástica de aumentar tu conciencia y mantenerte presente en el momento en piloto automático. Intenta hacer ambas cosas a diario.

La Conexión Mente Cuerpo

¿Has tenido alguna vez ese momento en el que te sientes triste y fuera de sí, pero luego arreglas tu postura y no te sientes tan mal?

Te recomiendo que lo intentes la próxima vez que te sientas triste.

Este fenómeno es lo que yo llamo la conexión cuerpo y mente:

El cuerpo influye en la mente y la mente influye en el cuerpo.

Es un concepto importante que hay que entender porque es más fácil controlar el cuerpo que la mente. No siempre podemos controlar nuestros pensamientos, pero siempre podemos controlar nuestra postura.

Tu postura y tu capacidad de sonreír influirán en tus pensamientos para bien. Estar encorvado y fruncir el ceño tendrá un impacto negativo en tus pensamientos.

Así que si el cuerpo es tan importante, ¿te esfuerzas por cuidarlo? ¿O eres alguien que se pasa el día comiendo comida rápida y bebiendo refrescos?

Es importante que empieces a hacer de tu cuerpo una prioridad ya que está afectando a tu mente:

Mente - meditar, leer, ver contenido empoderador, visualizar, llevar un diario, conversar con personas de alto valor.

Cuerpo - comer sano, mantenerse hidratado, tomar el sol, levantar pesas, hacer yoga, hacer cardio y practicar deportes.

Un cuerpo sano tiene un efecto indirecto que te hace mejorar muchas otras facetas de tu vida. Una de las mejores maneras de orientar tu vida hacia el camino correcto es mejorando tu cuerpo, que mejorará tu mente, que mejorará tus emociones y así sucesivamente.

Reto Mente Cuerpo

Haz un reto corporal de 120 días.

Haz ejercicio y come bien.

"Bien, acabas de mencionar el cuerpo".

Si eres capaz de completar los 120 días, entonces te darás cuenta de que has trabajado principalmente tu mente.

La confianza: Cómo los Valores Crean Valor

Quiero tener confianza en mí mismo. ¿Cómo puedo gustarle a la gente?

Basta. La confianza es cuando no te importa si le gustas a la gente.

"¿No te importa si le gusto a la gente? Eso no suena bien".

Contraintuitivo, lo sé. Pero créeme, adoptar esta mentalidad hará tu vida 10 veces más fácil.

Hay dos formas de confianza:

1. **Externa**- Esta forma de confianza es cuando el mundo externo influye en tu autovaloración. Cuando piensas que un Ferrari, una mansión o una joya de lujo harán que todos tus problemas desaparezcan. Pero esta confianza viene con una trampa.

¿Y qué es eso?

Esta confianza es muy volátil. Basar tu valor en objetos tiene pros y contras. Un pro es que es rápido. Si ganas dinero, puedes comprar objetos y sentirte inmediatamente bien contigo mismo.

La parte mala es que, a medida que maduras, ya no valoras tanto los objetos. Pasas de valorar los objetos a las personas. Una vez que se produce la transición, todos los objetos que antes te hacían sentir bien, no tienen el mismo efecto.

Otra cosa arriesgada de la confianza externa es que es inconstante. Es decir, estás comprando un montón de cosas no solo para sentirte bien contigo mismo, sino que quieres que los demás comprueben tu estado. Esto hace que cometas un pecado de dinámica social.

"¿Cuál es?"

Basar tu valor en las opiniones de los demás. No puedes controlar las opiniones de los demás, así que permitir que esa sea tu línea de base para la confianza se vuelve en tu contra.

Adoptar el enfoque de la confianza externa puede hacer que te sientas bien inicialmente, pero después de algún tiempo, volverás a ser tu inseguro.

2. **Interno**- Este camino te permite tener el control total. Todos tus poderes provienen del interior. Esto es la confianza en uno mismo. Esta ruta lleva más tiempo pero merece la pena al 100%.

Con esta ruta, lo que más te importa es tu propia opinión y no te importa si le gustas a la gente. No intentas impresionar a nadie más que a ti mismo. Esto, sorprendentemente, hace que la gente te quiera más. Encarnas una sensación de seguridad en ti mismo que hace que los demás se sientan cómodos.

¿Cómo consigo la confianza interna?

De pocas maneras:

-Superar algunas inseguridades.

-Construir conjuntos de habilidades.

-Complacerse más a sí mismo.

-Ayudar a otros a ser mejores versiones de sí mismos.

Pero hay una que es muy importante.

"¿Cuál es?"

Los valores.

"¿Valores? ¿Qué va a hacer eso?"

Te mantiene con los pies en la tierra. Te da algo que defender. ¿Y lo más importante? Te conecta con tu mundo interior. Al crear valores para tu vida, pasas lentamente a convertirte en tu mejor amigo.

Pero hay una trampa. Tienes que ser firme con tus valores. Cada vez que rompes tus valores, pierdes el control con el mundo interno. ¿Resultados? Los conflictos del mundo externo comenzarán a perturbarte más.

Sin embargo, si te ciñes a ellos, tu poder crece y te quedas bien arraigado. Los conflictos del mundo exterior no te afectan tanto. Ahora te conviertes en tu propio líder en la vida. Esa es la verdadera confianza interna. Te sientes audaz porque ahora eres tu crítico más duro y tu mayor fan.

Y así, tienes tu realidad cambiada.

¿Has probado ambas estrategias?

Yo sí. Cuando crecí, seguí la ruta de la confianza externa. Hizo maravillas al principio, pero al final se desvaneció. En los últimos años, he seguido la ruta de la confianza interna.

"¿Y cómo te has sentido?"

Mejor que nunca. Definitivamente es un proceso. Cada día llegas a conocerte a un nivel más profundo. Y cuanto más aprendes sobre ti mismo, más quieres saber. La vida se vuelve mucho más fácil porque ahora sientes que tienes el control.

Ahora elige tu camino.

Valorarte a ti mismo es una de las principales claves para salir adelante en la vida. Deja de tratarte como un artículo de liquidación y empieza a tratarte como un producto de lujo. Quiérete a ti mismo y empezarás a atraer a gente de calidad.

Construye Casas, Torres y Castillos de Confianza

La razón por la que muchas personas nunca se sienten seguras de sí mismas es porque nunca reconocen sus logros. Tachan un montón de objetivos e inmediatamente pasan al siguiente. Esto hará que siempre te sientas insatisfecho. No te detengas. RECONOCE tus logros.

El secreto de la confianza es la gratitud. La gratitud consiste en reconocer tus pequeñas y grandes victorias en la vida. Básicamente, estás presumiendo de ti mismo, para ti mismo.

Mentalidad de cemento de ladrillos: Tus logros son los ladrillos. Tu reconocimiento es el cemento.

Imagina que apilas un montón de ladrillos sin cemento. ¿El producto final sería firme y duradero?

No.

¿Por qué?

Porque los ladrillos sin cemento crean un producto final endeble.

Exactamente.

Lo mismo ocurre con tu vida. Amontonar logros sin tomarse el tiempo de reconocerlos te hará sentir débil.

"¿Es por eso que tengo tanto que agradecer, pero me siento insatisfecho?

Sí, eres una pila de ladrillos que necesita desesperadamente un poco de cemento.

Pero reconoce tus logros y convertirás esos ladrillos en casas, torres y castillos.

¿Cuál es la mejor manera de reconocer mis logros?

Hazlo de una manera ligera y divertida. No hace falta que enumere sus logros de forma robótica. Recuerda que tu subconsciente es como un niño juguetón. Así que hazte un cumplido como si estuvieras hablando con un amigo. Es muy importante.

Para cambiar tu voz interior, tienes que cambiar tu voz exterior. Acostúmbrate a decir en voz alta pensamientos que te den poder. Hazlo durante mucho tiempo y tu voz interior te seguirá.

Hazlo todos los días de aquí en adelante. No importa lo pequeño que sea el logro, ¡reconócelo! Aquí tienes un pequeño ejercicio para empezar.

Reto de la Pizarra del Agradecimiento:

1. Compra una pizarra blanca para colgarla en tu habitación.

2. Haz una lista de las cosas por las que estás agradecido. Puedes ir añadiendo a la lista a medida que vayas acumulando más logros.

3. Léela en voz alta al levantarte y antes de

acostarte.

4.   Hazlo siempre.

La gratitud hará que tu vida cambie para mejor. Así es como se desbloquea la confianza.

Fuerza Mental

La fortaleza mental es algo que nunca te enseñarán. Hay que exponerse a experiencias duras para que nazca una mente dura.

Una de las ironías más singulares de la vida que he descubierto es:

Cuanto más dura se vuelve la vida, más dura se vuelve tu mente.

Cuanto más dura sea tu mente, más fácil será la vida.

En mi opinión, la fortaleza mental es una de las mayores facetas de la inteligencia en el mundo real. Sin una mente fuerte, cada reto parece un choque contra la pared. Sin embargo, con la fortaleza mental, cada problema parece una solución en ciernes.

Una mente fuerte es muy similar a ir al gimnasio y levantar peso sin guantes.

¿Cuál es la correlación?

Cuando no llevas guantes al gimnasio, te das cuenta de que sientes una fuerte sensación de dolor cuando las pesas causan fricción contra tu piel. El dolor te hace plantearte si deberías invertir en guantes o no. Pero decides seguir adelante.

Sesión tras sesión, te expones a las pesas y soportas la fricción que queda en tus palmas. Sin embargo, te presentas de todos modos.

Al cabo de unas cuantas sesiones, notas algo. Tienes callos en las palmas. Toda la fricción ha endurecido tus palmas y ahora ni siquiera notas cuando hay fricción.

¿Significa eso que la fricción ha desaparecido? No. Significa que tus palmas se han endurecido y que eres capaz de eliminarlas fácilmente.

Este concepto es muy similar a la fortaleza mental. ¿Has oído alguna vez la frase La vida nunca se hace más fácil, solo se hace más fuerte".

Esa cita es 100% cierta. Tus retos nunca desaparecerán, sino que tu mente simplemente se hará más fuerte con el tiempo. Para desbloquear la fortaleza mental, tienes que exponerte a acontecimientos difíciles que te asusten y te hagan dudar de ti mismo. Necesitas invitar a la fricción a tu vida.

Con cada fricción, sentirás emociones oscuras, dolor interno y un fuerte deseo de abandonar. Aunque quieras abandonar, te das cuenta de que las luchas son simplemente un entrenamiento para tu mundo interno. Sigues adelante sin importar lo difícil que se sienta y poco a poco empiezas a hacer progresos graduales y a afrontar cada reto.

Al igual que no te rendiste en el gimnasio cuando las pesas te quemaban, no debes rendirte cuando las experiencias te queman.

Persevera por muy duro que sea, la gloria te espera.

La Evolución de las Mentes en el Viaje de Subida de Nivel

La belleza del viaje de subida de nivel es que empiezas a diseñar tu propia vida en lugar de que la vida sea diseñada para ti. La mejor manera de hacerlo es que tu mente subconsciente y tu mente consciente trabajen juntas. Aplique los consejos prácticos que se exponen en esta sección y procure alcanzar la armonía.

Cuando tu mente de pensamiento crítico puede trabajar con tu mente de sentimiento emocional, desbloqueas un nivel de crecimiento que hackea tu vida para lo mejor.

Las dos mentes seguirán evolucionando mientras te esfuerzas por mejorar cada día. Disfruta del proceso, pero asegúrate de luchar por más. Dejarás de crecer cuando tú lo decidas. Haz del crecimiento un mantra de por vida, y tu viaje de subida de nivel será divertido. Ahora pasemos a cómo la mente puede trabajar con otra parte fundamental de ti, tus emociones.

PARTE 5:

Trabajar con las Emociones

¿Qué es la inteligencia emocional?

A mis ojos, la inteligencia emocional es uno de los temas más impactantes en los que sumergirse. Durante tu viaje de subida de nivel, serás puesto a prueba como ningún otro. Superar la zona de confort conlleva lo bueno, lo malo y lo feo. Para que tu viaje sea más suave, es imprescindible que puedas trabajar con tus emociones en lugar de contra ellas.

A fin de cuentas, las emociones son energía en movimiento. Es simplemente energía que tu cuerpo produce en función de determinadas circunstancias.

Pero la inteligencia emocional está muy mal entendida por el público en general. La principal idea errónea es que alguien que es emocionalmente inteligente toma decisiones emocionales.

Es un error.

Es exactamente lo contrario.

Alguien que es emocionalmente inteligente puede reconocer sus emociones sin juzgarlas, tratar de entender lo que las emociones están tratando de decirle, y luego tomar una decisión RACIONAL.

El problema de gran parte de la sociedad es que carece de inteligencia emocional. Y cuando se carece de inteligencia emocional, se produce impulsividad.

Seguro que has pasado por momentos impulsivos en tu vida.

Permíteme presentarte 2 escenarios diferentes:

Escenario A:

Un coche te corta el paso, te sientes enfadado, entonces entras en modo rabia en la carretera. Empiezas a perseguir al coche, le haces un corte de mangas y te lanzas a cortarle el paso a él también. Tu comportamiento te expone a que te multen, a tener un accidente de tráfico o, peor aún, a perder la vida. ¿Fue una decisión racional? Por supuesto que no. Y la razón por la que te comportaste así fue porque permitiste que tus emociones te gobernaran.

Escenario B:

Alguien te corta el paso en el tráfico, te sientes enfadado, pero decides que la rabia en la carretera no va a solucionar nada. Así que aguantas ese enfado, conduces hasta el gimnasio y levantas pesas como un guerrero. En este caso, has aprovechado tus emociones para crecer. Has respondido a la situación y has tomado una decisión racional.

En muchos sentidos, la inteligencia emocional te hará madurar más rápido. Piénsalo, ¿qué es la maduración? En mi opinión, es la capacidad de responder en lugar de reaccionar. Imagina a la persona más madura que conozcas. ¿Crees que no tienen emociones fuertes, perturbadoras y oscuras a veces? Por supuesto que sí. Pero no dejan que esas emociones les controlen.

Inmaduros: Las emociones dominan la mente.

Maduros: La mente domina a las emociones.

Para ser emocionalmente inteligente, necesitas dominar una faceta importante de tu vida: tu respiración.

Una respiración tranquila y lenta equivale a una vida feliz. Prueba esto:

RESPIRACIÓN NINJA:

Inhala y exhala por la nariz.

Debe ser silenciosa.

Si oyes ruido, lo estás haciendo mal.

Silenciarás tu respiración reduciendo la velocidad.

Una vez que se activa el "modo silencioso", ha logrado una respiración profunda. El diafragma está ahora activado.

Ya no hay respiraciones superficiales.

Cada vez que has corregido tu respiración, has domado tus emociones. Es una repetición interna. Has armonizado tu mente y tus emociones. ¡Vaya, mírate! Te estás volviendo emocionalmente inteligente ante mis ojos.

Ahora sigue.

Convertirse en Tu propio Mejor Amigo

Convertirse en el mejor amigo de uno mismo ocurre en la oscuridad. Cuando tocas fondo, no tienes otro lugar al que ir. Es entonces cuando DEBES conocerte a ti mismo. Lo bueno y sobre todo lo malo. Una vez que eso sucede, ahora tienes tu espalda de por vida, el estatus de mejor amigo.

¿Tiene que ser en la oscuridad? ¿Por qué no puedo hacerme mejor amigo de mí mismo en la luz?

Porque te falta un elemento clave.

¿Cuál es?

La fricción.

La fricción es lo que te permite ver si una amistad es legítima o falsa.

La fricción va más allá de las palabras y arroja luz sobre las acciones.

Todo el mundo puede estar a tu lado cuando las cosas van bien y son perfectas. En ese momento, tienen sus palabras para apoyarse. Por eso la zona de confort te hará sentir más popular que nunca.

¿Pero en la oscuridad? Las cosas empiezan a cambiar. Esta es la etapa en la que la acción se impone. En este punto, muchos "amigos" empiezan a desaparecer y solo quedan unos pocos.

Tener amigos del mundo exterior que estén a tu lado es genial. Pero hay que ir más allá.

¿Cómo?

Tienes que ir a lo interno.

Incluso el mayor empático del mundo NUNCA será capaz de sentir completamente tu dolor. Solo TÚ serás capaz de sentirlo. Ya sea la muerte de un ser querido, un accidente de coche, estar en la ruina, etc. Necesitas comenzar este viaje.

¿Qué viaje?

El viaje para dar sentido al dolor.

¿Está bien si tengo miedo?

Sí, y la mayoría de la gente lo tiene. De hecho, tienen tanto miedo que hacen todo lo posible para evitar este viaje. Recurren al alcohol, las drogas, las fiestas excesivas, etc. Cualquier cosa que se les ocurra para huir del comienzo.

Pero, ¿los pocos raros? Empiezan. A pesar de sentir algunos nervios, se adentran en lo desconocido.

-Aprenden sobre su dolor.

-Dan sentido a sus demonios interiores.

-Luchan contra la oscuridad día tras día como un maldito guerrero.

Cada día que avanzan en este camino, cada día aprenden más sobre sí mismos. Día a día, lo desconocido se vuelve más claro. Y cuanto más claro se vuelve lo desconocido, más fuerte crece el vínculo con su mundo interno.

Muy pronto, empiezas a entenderte a un nivel más profundo. Siempre has conocido tu lado bueno, ¿pero ahora? También conoces los lados malos.

Y cuando entiendes oficialmente lo bueno Y lo malo, has sobrevivido al viaje. Ahora te cubres las espaldas para la VIDA. Te sientes más seguro que nunca.

"¿En serio?

Sí.

☆ Confianza = Mejor amigo de ti mismo.

Así que si estás pasando por un momento oscuro ahora mismo, entiende que la única manera de superarlo es entrando en lo desconocido & dándole sentido al dolor.

Sigue empujando hacia adelante& haz una crónica de tu viaje para salir del abismo. Luego mira hacia atrás con orgullo una vez que hayas superado la aventura que muchos tuvieron miedo de emprender.

Tu mejor amigo te espera al otro lado.

Por qué tener Miedo es algo Bueno

Cuanto más fracasas, menos lo temes.

Cuanto menos lo temes, más creces.

Cuanto más crezcas, menos te conformarás.

Cuanto menos te conformas, más construyes.

☆ Más construcción = Más creación = Tus obras maestras = Tu legado

El miedo te hace humano. Nadie quiere fracasar y hacer el ridículo. Por eso muchas personas eligen conformarse en la vida.

Hay dos tipos de miedo:

Miedo 1 (Amenaza) - es un miedo legítimo que puede poner en riesgo tu seguridad.

Miedo 2 (Ilusión de Amenaza) - un falso miedo que no es racional creado por creencias limitantes.

Confundir el miedo 2 con el miedo 1 es la razón por la que muchas personas nunca salen de su zona de confort.

Esta es la razón por la que salir de la zona de confort es tan difícil. Es porque estás luchando contra un montón de emociones oscuras para aventurarte a superarla cuando subes de nivel. Pero esto es una buena señal por tu parte.

Cuando sientes miedo y haces algo de todos modos, eso demuestra valor. Si nunca sientes miedo, entonces deberías alarmarte. Lo más probable es que no te estés desafiando a ti mismo.

El valor no es la ausencia de miedo. Es continuar a pesar de sentir miedo. ¿Lo entiendes? Está bien estar nervioso antes de ser valiente.

No te avergüences del miedo. A partir de ahora, utilízalo como una forma de estímulo. Comprende que esta emoción te sirve de brújula en el viaje de subida de nivel. Una vez que empieces a dar la bienvenida a los fracasos en tu vida, notarás que ocurre algo mágico.

Notarás que las emociones que antes te paralizaban son ahora las mismas que te alimentan y te hacen sentir vivo. Una vez que se produce esa transición, puedes reconocer con confianza que has reacondicionado tu percepción hacia el fracaso.

Es entonces cuando las cosas se ponen divertidas.

Los Celos Tienen Mala Reputación

¿Alguna vez has tenido ese momento en el que sientes una fuerte oleada de celos y te pones muy alerta?

Quizá uno de tus amigos cercanos se ha comprado un Mercedes nuevo y te lo ha hecho saber. Has sentido celos y te has preguntado: ¿por qué él y no yo? ¿Qué le hace tan especial para ganarse este precioso Mercedes, mientras yo conduzco el viejo Buick de mi madre?

Por cierto, no hay nada en contra de los Buick.

Tú, amigo mío, estás celoso. ¿Es eso algo malo? Bueno, depende.

Los celos en sí mismos no son algo malo de experimentar. Es una emoción primaria. Pero tu reacción a los celos determinará si eres un ganador o un perdedor.

Perdedor: Usar los celos para admitir la derrota y convertirse en un odioso o en una serpiente en el proceso.

Ganador: Utiliza los celos para inspirarte y usarlos como brújula para saber qué objetivo abordar a continuación.

En el mundo orientado a subir la mentalidad, adoptamos la vida de un ganador, por lo que los celos son algo bueno. Los celos crean una motivación interna y una brújula interna. Si algo te hace sentir celos, es una gran oportunidad para que hagas una introspección.

A veces, el desencadenante de los celos ha sido exagerado, así que puedes olvidarlo. Pero otras veces, el desencadenante de los celos requiere una reflexión más profunda. Los celos te permiten conocer tus deseos ocultos y ver lo que te apetece.

¿Por qué no marcarte un objetivo? Si lo deseas lo suficiente y otro ser humano es capaz de conseguirlo, ¡tú también puedes!

Y para ser honesto, si te juntas con un grupo de ganadores, entonces te encontrarás con celos muy a menudo. Pero utiliza esos celos como inspiración para mejorar tu juego. ¿Resultados? Un efecto en cadena de más victorias.

Todas las emociones tienen una función más amplia en el gran esquema de las cosas. Asegúrate de que aprovechas tu energía interna y no la desperdicias señalando con el dedo.

Ahora sube de nivel.

Cómo afrontar la Vergüenza

Una parte del crecimiento es estar dispuesto a avergonzarse. ¿Pero quieres saber algo? La vergüenza es un acto aprendido. Rara vez te avergonzabas cuando eras pequeño. No te importaba una mierda. Pero a medida que crecías, la autoconciencia te daba una patada. Es hora de despojarte de eso desbloqueando tu niño interior.

"¿Cómo desbloqueo mi niño interior?"

Buena pregunta. Hay muchas maneras de hacerlo. Pero te voy a dar mi fórmula.

Fórmula del niño interior:

1. Ríete de ti mismo cuando falles.

2. Sonríe más.

3. Habla con el niño interior de los demás.

1.Ríete de ti mismo cuando falles.

Cuando eras un niño, no lo veías como un fracaso. Lo veías como un intento. Hoy en día, te pones de mal humor cuando pierdes. Arregla eso. Intenta asarte cuando fallas en algo. Este HACK reacondiciona tu percepción hacia las pérdidas.

2.Sonríe más.

Sonreír libera endorfinas en el cerebro. Las endorfinas son sustancias químicas que nos hacen sentir bien. Por eso hay que sonreír más. Por ejemplo, mantén una sonrisa durante 2 o 3 minutos nada más levantarte. Notarás que tu día va 10 veces mejor. Es mágico.

3.Habla con el niño interior de los demás.

☆Hablar con el lado adulto de alguien construye un conocido.

☆ Hablar con el lado infantil de alguien crea un amigo.

El niño interior de un ser humano nunca desaparece, solo se entierra debido a las responsabilidades de la vida. Habla con ellos como si tuvieran 5 años.

Consejo extra: Lee los libros que leías de niño, preferiblemente de ficción. Esto ayuda a tu cerebro a desbaratar los patrones lógicos con los que ha sido condicionado. Empiezas a pensar con más libertad.

Sigue estos pasos y el niño interior que llevas dentro volverá a despertarse. Ya sabes, el espíritu libre al que no le importaban las opiniones. Lo único que les importaba eran sus curiosidades y cómo podían divertirse.

¿Lo entiendes?

☆Curiosidad + diversión = CÓDIGO DE CAMBIO para el crecimiento

Necesitas tus espíritus a tu lado si quieres subir de nivel.

Mientras que la mayoría de la gente está siendo Si te sientes mal y cohibido para probar cosas nuevas, harás exactamente lo contrario. Has hackeado tu vida y has sacado a la luz lo que la sociedad intentó suprimir, tu imaginación.

Cuando controlas tu imaginación, controlas tu realidad. Ya no utilizarás tu imaginación para planificar previamente tus fracasos. ¿Pero ahora? La usarás para planificar tu ascenso. Cambio de juego.

La vida cambia cuando estás dispuesto a dejar de conformarte. Prueba este truco de vida poco ortodoxo. Te verás crecer y te divertirás al mismo tiempo.

RETO DE LA MENTE:
Reencuadrar la Vergüenza

Considera todos los momentos embarazosos como "historias divertidas en ciernes". Esto hace dos cosas:

1. Obliga a tu mente a pensar a largo plazo.

2. Aporta humor a la mezcla.

Una combinación de las dos cosas es mortal y disparará tu crecimiento.

Bonificación: te conviertes en un mejor contador de historias.

La Verdad Detrás de la Ansiedad

Fantasía: preocuparse por el mañana, te traerá paz para el mañana.

Realidad: preocuparse por el mañana, te quitará la paz de hoy.

Durante mis años de universidad, tenía una enorme ansiedad por los discursos. Antes de dar un discurso, mi cuerpo empezaba a funcionar mal. Se me aceleraban los latidos del corazón, tenía excesivos pensamientos de fracaso, me sudaban las palmas de las manos y todo eso.

Y cuando mi cuerpo empezaba a inundarse de estas sensaciones, empezaba a hacer todo lo posible por suprimir las emociones para poder pronunciar el discurso con aplomo. Pero cuanto más intentaba reprimir las emociones, peor se ponía. Y a medida que las sensaciones empeoraban, sentía que dar un discurso era una mala idea. Entonces daba el discurso con voz temblorosa, ojos saltones y falta de compostura.

5 años después, los tiempos son diferentes. Hoy en día, doy discursos en eventos clave, bodas, competiciones de Toastmasters a audiencias que llegan a ser de más de 350 personas. ¿Pero lo más extraño? De hecho, ¡me entusiasma! ¿Qué ha cambiado?

Mi táctica.

Cuando era más joven, intentaba suprimir la ansiedad. Mi yo actual abraza la ansiedad.

Hacer este cambio de mentalidad te permitirá cambiar tu percepción hacia la ansiedad. Este es un concepto que cambia la vida, así que presta atención.

Un principio básico en el mundo de la inteligencia emocional es:

Una emoción que se intenta enterrar irá al gimnasio y volverá 10 veces más fuerte.

Por eso, suprimir una emoción negativa es una estrategia equivocada. No solo estás empeorando la emoción, sino que estás condicionando una percepción negativa hacia la emoción.

No deberías suprimirla, sino más bien hacerte consciente de ella.
consciente.

Cuando te haces consciente de una emoción negativa, simplemente observas sin juzgar. Sientes los latidos rápidos del corazón, las palmas sudorosas y observas el pensamiento negativo desde lejos. Cuando observas las emociones desde lejos, haces una observación surrealista:

-Las emociones no son el hombre del saco. Las emociones son simplemente sensaciones físicas con una percepción adjunta.

Cuando haces esta observación, eres capaz de ELEGIR la percepción que quieres asignar a una emoción.

Cuando me di cuenta de que mis emociones antes de un discurso nunca desaparecerían, decidí aceptar los sentimientos en lugar de huir de ellos. huir de ellos. Cuando hice eso, me di cuenta de que las emociones no eran tan malas.

Y cuando mi mente consciente fue capaz de entender el sentimiento subconsciente sin juzgarlo, pude ver:

Ansiedad -> Emoción.

Si lo piensas, la ansiedad y la excitación son exactamente los mismos sentimientos. Te sientes igual antes de una montaña rusa que antes de un discurso. Pero una te excita y la otra te aterra. ¿Ves el problema?

La ansiedad es simplemente una palabra hecha por el hombre que fuerza una percepción negativa. Recupera el control de tu vida. Porque créeme, sentirás un montón de "ansiedad" en el viaje de subida de nivel. Pero de aquí en adelante, es emoción.

Esa es la verdad sobre la ansiedad, amigo mío. Esta emoción nunca fue tu enemigo. Simplemente era la energía que tu cuerpo te estaba proporcionando para que pudieras alcanzar tus objetivos.

Es hora de reacondicionar tu percepción hacia la ansiedad y convertirte en su mejor amigo.

Vamos a conseguirlo.

El Dolor Emocional de la Soledad

La soledad te hace confiar demasiado rápido. Quieres abrirte y hablar con alguien. Pero esto puede hacer que digas demasiado a las personas equivocadas. La tranquilidad. Deja que la confianza se construya a su ritmo natural, sin necesidad de apresurarse.

"¿Estar solo y sentirse solo es lo mismo?

No es así. La soledad es un estado físico, la soledad es un estado mental.

Hay mucha gente que está sola, pero no se siente sola. Y hay muchas personas que están rodeadas de gente pero se sienten solas.

La gente se siente sola por dos razones principales:

-Piensan que no le importan a nadie.

-Tienen los amigos equivocados.

-Piensan que nadie se preocupa por ellos: Este grupo tiende a relajarse mucho por sí mismo. Durante su tiempo a solas, crean escenas mentales de por qué no se les acerca más gente. Ansían más interacciones sociales.

-Tienen los amigos equivocados: Este grupo rara vez se encuentra solo. Estar solos les da miedo. Por eso, siempre se rodean de gente para evitar su voz interior.

Sea cual sea la categoría en la que te encuentres, entiende una cosa. Tu vínculo con tu mundo interno es débil. Y cuando tu vínculo con tu mundo interno es débil, buscas respuestas en el mundo externo.

En lugar de arreglar la relación que tienes contigo mismo, crees que otras personas van a resolverla. Por eso confías tan rápido. Te precipitas esperando que la persona mágica llegue y haga que tu soledad se derrita.

Estoy aquí para decirte que eso no funcionará. Porque si no eres feliz por ti mismo, nunca serás feliz con los demás.

Necesitas reacondicionar tu percepción hacia la soledad. Comprende que todo el mundo se ha sentido solo en un momento u otro. Y para ser honesto, es posible que lo sientas a menudo mientras subes de nivel.

¿Por qué? Porque muchas personas no optan por este viaje de subida de nivel como tú. Por lo tanto, la soledad es un rito de paso hacia la confianza.

Recuerda:

☆Confianza = Ser el mejor amigo de uno mismo.

Así que de aquí en adelante:

☆Soledad = Pre-Confianza

Aprovecha este tiempo para conocerte a un nivel más profundo:

-Diario

    -sigue tus curiosidades

    -aprender una habilidad

El objetivo principal es estar a gusto contigo mismo.

Cuanto más a gusto estés contigo mismo, más crecerá tu vínculo con tu mundo interior. Estás creando y descubriéndote a ti mismo. Cuanto más ocurre esto, más aumenta tu felicidad.

A medida que sigas haciendo esto, tu percepción hacia la soledad cambiará porque te estás convirtiendo en el mejor amigo de ti mismo. Nunca tendrás que preocuparte por si te cuidan. ¿Por qué? Porque ahora te cuidas a ti mismo.

Una vez que esto suceda, comenzarás a enviar la energía correcta al mundo y a atraer a las personas adecuadas a tu vida. Ya no darás confianza a las personas equivocadas esperando que alguien te de su tiempo. Serás mucho más paciente.

Recuerda que la soledad no desaparecerá por arte de magia. Tienes que adoptar un enfoque activo y ocuparte de los asuntos. Así que levántate, sé productivo y refuerza el vínculo con tu mundo interior.

La ira = el Red Bull de tu cuerpo

Durante el instituto, mis padres me inscribieron en el kárate. Recuerdo que no tenía ningún deseo de aprender Tae Kwon Do y que me arrastraba antes de cada reunión. ¿Por qué diablos iba a querer ir saltando por ahí pateando sacos, haciendo sparring y aprendiendo un montón de tonterías mientras podía estar jugando a Jak & Daxter en mi PS2?

Pero mis padres ya habían pagado las clases, así que tenía que ir. Reunión tras reunión, me presenté y di un esfuerzo a medias. Estaría allí físicamente, pero no mentalmente.

Bueno, mi instructor de karate se dio cuenta. Cada pocas semanas, nos daban una raya en el cinturón. Las rayas nos permitían avanzar hacia el siguiente cinturón.

Recuerdo que un día, después de una intensa sesión de karate, mi instructor le había dado a mi hermano sus galones, pero a mí no. ¿Por qué? Empezamos nuestra andadura en el karate exactamente el mismo día.

Así que me enfrenté a mi profesor de karate después de la reunión y le pregunté qué pasaba. Me miró fijamente a los ojos y me dijo que no me lo merecía. Me dijo que era un vago y que no era tan trabajador como mi hermano. Que si no me arreglaba, no me darían una raya.

Esto me enfureció. ¿Quién carajo era este tipo para decirme que no era un gran trabajador? Sus comentarios me picaron el alma pero había despertado una bestia oculta. Me enfadé y me dispuse a demostrar que estaba equivocado.

En las siguientes sesiones, trabajé como un loco y me esforcé al 110%. Ese esfuerzo no solo me permitió recibir los galones, sino que me permitió aprender una importante lección de vida.

La ira es el Red Bull de tu cuerpo.

Es la bebida energizante que te hará rendir a niveles divinos. La ira es la energía que te pone alerta y te permite multiplicar por 10 tu capacidad.

Si esta emoción es tan poderosa, ¿por qué se ve de forma tan negativa? Porque la mayoría de los seres humanos malgastan su ira en un berrinche. Imagina que yo hubiera empezado a lloriquear como una perra después de que mi instructor de karate me hubiera exigido más. Nunca habría llegado a ser cinturón negro. Le debo tanto a ese instructor que es difícil expresar mi agradecimiento con palabras.

¿Cuántas veces has dejado que tu ira te destruya en lugar de alimentarte? En lugar de canalizar tu ira para producir, optas por dejar que sea una excusa para destruir.

Pero cuando utilizas tu ira para destruir, lo único que acabas haciendo es sentir vergüenza después. Seguro que nunca te has sentido orgulloso después de una rabieta. Simplemente has pensado "vaya, ¿qué he hecho?".

Las emociones son temporales. Van y vienen. Tomar decisiones impulsivas basadas en tus emociones es una tontería. Las consecuencias pueden venir y quedarse.

Tus emociones vienen en oleadas, no son el mar. Tu ira vendrá, y tu ira se irá. No tomes decisiones de las que te arrepientas.

TRATA EL ENFADO COMO EL RED BULL DE TU CUERPO.

Es todo energía. A partir de ahora, cuando estés enfadado, respira de forma controlada y siente la emoción. El enfado te hace más fuerte, más creativo y más enérgico.

Cuando estés enfadado, ten una salida para liberar la energía. No la reprimas porque es destructiva y puede reforzar una percepción negativa de la emoción.

El enfado es tu mejor amigo, deja de tratarlo como un enemigo.

Utiliza la ira y consigue tus alas.

Humor = Superpoderes Modernos

¿Has visto alguna vez a un bebé reírse? Es algo muy entrañable, ¿verdad? Un acto tan sutil que te alegra el corazón.

Te preguntas qué es exactamente lo que ha hecho que ese bebé estalle en carcajadas. ¿Fue algo que tú hiciste, o el bebé tenía un determinado pensamiento en su mente que le hizo reír?

Sea cual sea el caso, estamos programados para SENTIRNOS bien al ver reír a los demás y reírnos por nosotros mismos. Reírse o hacer reír a alguien es un superpoder moderno.

Mira a tu alrededor. ¿Cuántas personas ves con una cara de mala leche? Muchas.

Pero estas personas se están privando de un importante truco de vida: Las endorfinas.

Las endorfinas son sustancias químicas que el cerebro libera para sentirse bien y que mejoran el estado de ánimo. Pero la magia está en que cuando te ríes, liberas las neuronas espejo en los demás, que acaban sintiéndose bien también.

Efectos secundarios de la risa:

Te sientes bien

 Haces que los demás se sientan bien

Aumentas tu simpatía

Puedes convertir una situación negativa en una positiva

Estos son solo algunos efectos. Tienes que aprovechar esta emoción humana en tu viaje de subida de nivel.

Cuando la vida te da una patada en el culo, lo último que quieres hacer es reír, lo entiendo. Pero oblígate a hacerlo de todos modos. Da rienda suelta a tu niño interior y ríete. Te garantizo que tendrá el poder de cambiar tu mentalidad y tu estado de ánimo.

Bingo.

Ambición

Hace falta introspección para descubrir tu verdadero yo. Hace falta ambición para descubrir tu mejor yo.

La ambición de alto nivel nace a través del dolor. Para correr hacia tu yo más grande, también debes estar huyendo de algo. Huyes de la mediocridad, de los traumas del pasado y de las dudas sobre ti mismo. Cuando huyes rápido, avanzas más rápido.

¿Qué? ¿Creías que iba a decir que la ambición nace simplemente de querer un buen futuro? Lo es para mucha gente, seguro. Pero la ambición de alto nivel requiere dolor. Los humanos están más motivados por evitar el dolor que por buscar el placer.

Pero hay un arte en la ambición. Hay un arte en querer más de la vida y ser feliz con lo que ya tienes. Se trata de una persona agradecida que está motivada. Una rara raza de seres humanos que disfruta del proceso pero no pierde de vista el panorama general.

Mira a tu alrededor y encuentra a los mejores en cualquier campo. Notarás en sus ojos que han pasado por un montón de luchas para llegar a donde están hoy. ¿No me crees? Entonces escucha algunas de sus entrevistas.

Lo único que alimentará tu viaje de subida de nivel es tener la ambición de alcanzar nuevas cotas. Los vagos promedio suelen fijarse un objetivo, lo alcanzan, se dan una palmadita en la espalda y vuelven a ver la televisión.

Sin embargo, alguien en el mundo de la subida de nivel se fija un objetivo, lo alcanza, se da una palmadita en la espalda y sigue buscando el siguiente objetivo.

La ambición genera confianza. Cuanto más te extiendas más allá de las creencias limitantes que una vez te impusieron, más notarás que te sientes más poderoso en el proceso.

¿La ambición requiere trabajo? Por supuesto.

¿Vale la pena el trabajo? Por supuesto.

Huye de algo. Corre hacia algo. Utiliza esta fórmula para seguir destrozando tus hitos del día anterior.

Reflexiones Finales sobre las Emociones

Independientemente de que veas la emoción como algo bueno o malo, solo debes tener en cuenta un concepto importante. Tus emociones son energía que se comunica contigo.

En lugar de tener prisa por huir de las emociones oscuras, corre hacia ellas. Observa lo que tu mundo interno está tratando de decirte. Normalmente tus emociones tienen la respuesta que estás buscando en un blog, podcast o bitácora. No tengas tanta prisa por suprimirlas.

Todas las emociones pueden ser aprovechadas para el crecimiento. Puede que no lo parezca ahora, pero lo será algún día cuando incorpores la inteligencia emocional a tu vida.

Nunca entenderás del todo tus emociones. Más bien, aprenderás continuamente más sobre ellas a medida que avances en tu viaje de subida de nivel. Las emociones buenas te harán sentir bien. Las emociones oscuras te enseñarán. Pronto verás cómo tu energía interna te ayuda a pintar en el lienzo de la vida. Utilízalas lo mejor que puedas para crecer en tu viaje de subida de nivel.

PARTE 6:

Cómo Aprender y Desarrollar Habilidades

Ciclo de vida orientado a Subir de Nivel:

1. Consumir.

2. Producir.

3. Enseñar a alguien a producir.

Consumidor -> Productor

Todo productor de calidad fue alguna vez un consumidor que consumía con propósito.

En el mundo real, la energía que depositas hoy se convertirá un día en un bumerán para ti. Las decisiones no son actos aislados, sino que forman una cadena. La cuestión es: ¿qué tipo de cadena estás formando? ¿Una cadena constructiva o destructiva?

En el mundo de los niveles, una cadena poderosa es el estilo de vida del consumidor al productor. Es una belleza de la que hay que ser testigo porque te convierte de novato -> competente -> maestro. Pero, ¿cómo se consigue este ciclo? Vamos a desglosar ambos pasos:

Consumir es cuando se absorbe el conocimiento.

Producir es cuando aplicas y creas con tus conocimientos.

Con demasiada frecuencia, se confunde el aprendizaje con la acción. No.

1. Aprender = Consumir
2. Acción = Producir

Ambas etapas son necesarias para el crecimiento. Pero asegúrate de no quedarte atascado en la etapa 1 y confundirla con la etapa 2. Cuando se confunde el paso 1 con el paso 2, se produce la parálisis por análisis.

Estoy seguro de que has tenido parálisis por análisis muchas veces en tu vida. Has estudiado y estudiado hasta el punto de estar abrumado por la información. Y cuando tu mente se sobrecarga de información, te estancas y pasas demasiado tiempo pensando.

Por eso es crucial que consumas con un propósito.

Tu principal objetivo al consumir es aprender lo suficiente para producir. El aprendizaje es muy importante porque te permite tener una idea sólida de por dónde empezar. Más adelante, en esta sección, trataré los conceptos de cómo aprender eficazmente. Una vez que hayas aprendido, tu objetivo es empezar a aplicar.

La aplicación le permite aprender la teoría mejor de lo que se aprende estudiándola. El objetivo es producir resultados. No hay que precipitarse, pero hay que asegurarse de que se mejora con cada sesión.

Después de un tiempo de aplicar la teoría que has aprendido, empezarás a solidificar tus vías neuronales hacia el acto. Las vías neuronales solidificadas conducirán a un acto aprendido -> hábito -> instinto.

Pero recuerda esto, convertirse en productor no significa que dejes de ser consumidor. Un productor de alto nivel siempre está aprendiendo y aumentando sus conocimientos. Sé un estudiante de por vida. Mientras persigues tu estrella del norte, vas a tener que aprovechar ambos, el consumo y la producción.

Si puedes combinar el aprendizaje permanente con la ambición de producir y aplicar, te volverás letal en el mundo de la subida de nivel.

Enciende la cadena y te será difícil parar.

El Poder de la Curiosidad

Ironía de la vida: Una persona tonta pretende ser más inteligente de lo que es. Una persona inteligente pretende ser más tonta de lo que es. La persona tonta no es consciente de su comportamiento. La persona inteligente es perfectamente consciente.

Esta es una ironía de la vida que aclarará su comprensión de la curiosidad. Todo comienza con:

La gente estúpida cree que lo sabe todo.

La gente inteligente cree que aún no sabe nada.

-Un grupo piensa que el conocimiento es finito.

-Un grupo sabe que el conocimiento es infinito.

Una persona estúpida cree de todo corazón que lo sabe todo. No por malicia, sino por ceguera.

Algunos ejemplos de una persona estúpida:

-Alguien que piensa que la educación termina después de la escuela.

-Alguien que rechaza cualquier punto de vista contrario.

-Un "sabelotodo".

La razón por la que siguen siendo estúpidos es porque carecen de cualquier pizca de humildad. Se requiere una actitud humilde para saber que nunca lo sabrás todo.

¿Nunca?

Nunca. Hay demasiado conocimiento ahí fuera.

Pero esto es bueno.

¿Es bueno que nunca lo sepa todo?

Por supuesto.

¿Por qué?

Porque te permite crecer durante toda tu vida.

Imagínate esto: El conocimiento es un techo.

Una persona estúpida que piensa que lo ha aprendido todo tapa su techo. El resultado es que se contenta y descarta seguir creciendo.

Una persona inteligente que sabe que siempre puede aprender más, amplía su techo. El resultado es la ambición.

Una persona inteligente finge ser más tonta de lo que es, porque es el MEJOR truco de la vida. Al decirle a su cerebro que no está ni siquiera cerca de saberlo todo, su cerebro trabaja en SOBREMARCHA para aprenderlo todo.

Así es como engañas a tu cerebro para que entre en

modo de crecimiento.

Así es como se aprende a un ritmo surrealista.

Así es como desatas tu DESEO.

Mientras la persona estúpida piensa que tiene el mundo resuelto, la persona inteligente está tratando de resolver el mundo.

No hay nada más mortífero que un cerebro humano unido a la humildad. Te permite buscar respuestas mientras otros se quedan con el culo al aire. Y cuantas más preguntas respondas con éxito, más clara será tu mente. Estás en el proceso de desbloquear tu tercer ojo.

Ahora déjame preguntarte, ¿lo sabes todo?

Ni siquiera cerca.

Entonces, ¿qué vas a hacer?

"Buscaré las respuestas".

¿Por cuánto tiempo?

"Por toda la vida".

Excelente.

Deja que los bocazas hagan ruido. Su viaje ya ha terminado, el tuyo acaba de empezar.

La Diferencia entre el Conocimiento y la Sabiduría

Las lecciones aprendidas por las malas son lecciones aprendidas para la vida. Mezclar una lección con una emoción oscura la hace más pegajosa. Véalo como un dolor a corto plazo para una recompensa a largo plazo.

El conocimiento y la sabiduría son como primos, se parecen, pero no son lo mismo. En términos sencillos, el conocimiento es un proceso indoloro y la sabiduría es un proceso doloroso. Necesitas ambos en tu arsenal para maximizar el uno al otro.

En la actual era de la información, es más fácil que nunca obtener conocimientos. El conocimiento vendrá de tu mundo externo. Puedes simplemente entrar en Internet e investigar temas que despierten tu curiosidad y aprender sobre ellos.

La sabiduría, sin embargo, proviene del mundo interno. Tienes que pasar por experiencias para ganar sabiduría. A menudo es un proceso doloroso porque la sabiduría nace a través de la oscuridad, como los fracasos, los arrepentimientos y la traición. Mientras atraviesas muchas de tus experiencias vitales, te sentirás como en el infierno. Pero no temas, porque hay una luz al final del túnel. El dolor curado te da sabiduría.

En el viaje de subida de nivel, a medida que vas aprendiendo, tienes que asegurarte de adquirir conocimientos y aplicarlos. Una vez que lo apliques, empezarás a Una vez que lo apliques, empezarás a ganar experiencias y a fracasar. Al fracasar, aprendes lecciones que te llevarán a ganar. Esas lecciones servirán de sabiduría que podrás aplicar a otras facetas de tu vida.

Lo singular de la vida es que cuantas más experiencias acumules, más formarás una red. Ves cómo las lecciones de una faceta de tu vida pueden aplicarse a otras facetas. Por ejemplo: pasar por una mala ruptura te proporcionará lecciones que pueden convertirte en un mejor amigo. Se aprende mucho sobre la etiqueta social a partir de una relación fallida. ¿Quién lo iba a decir, eh?

En definitiva, puede que tus pérdidas no tengan sentido ahora, pero al final lo tendrán. Solo tienes que mostrar las agallas para aplicar tus conocimientos, tomar tus pérdidas como un guerrero, analizar y esperar a que todos los puntos se conecten.

Todo es un proceso.

Proceso >> Resultados
Estilo de vida

¿Por qué nos importan más los resultados que el proceso?

Piénsalo por un segundo. Cuando crecías, ¿te premiaban por estudiar o por tu puntuación en los exámenes?

"La nota del examen".

Exactamente. Te han condicionado a valorar los resultados por encima del proceso durante toda tu vida.

"¿Pero no son los resultados más importantes que el proceso?"

No del todo. Ambos son necesarios para el éxito a largo plazo.De lo contrario, acabarás disparándote en el pie.

Cuando te centras más en los resultados que en el proceso, inicias un ciclo tóxico. Creas expectativas poco realistas. Las expectativas poco realistas conducen a las prisas. Las prisas conducen a resultados poco satisfactorios.

¿Algún ejemplo?

Sí, hablar en público. Durante mi estancia en Toastmasters, muchos de mis alumnos querían convertirse en el orador perfecto de la noche a la mañana. Empezaron su viaje con expectativas poco realistas.

Venían a cada reunión, daban un discurso y se frustraban cuando no ganaban la cinta de mejor orador. Apenas habían dado 3 discursos y ya estaban apurando el proceso. ¿Resultados? Su mentalidad se desplomó. Y cuando tu mentalidad está desviada, los resultados descuidados son inminentes.

Cada uno de esos chicos empezó a frustrarse en lugar de centrarse en sus mejoras. No hace falta decir que no terminaron el programa de Toastmasters porque no pudieron tomar discurso por discurso.

En la escuela, se premian los resultados por encima del proceso. Pero en el mundo real, NECESITAS modificar tu enfoque. He aquí cómo:

1. Identifica tus resultados deseados - Esto requerirá la visualización. Tómate el tiempo necesario para visualizar cómo se verá, sentirá y pensará tu yo ideal cuando alcances tus resultados. Esto te servirá como estrella del norte.

2. Ojos en el presente- Ahora ya sabes para qué estás trabajando. En este punto, quiero que te entregues al 110% en el proceso del presente. Tu único enfoque es en los pasos 1-7 de abajo:

    1. Aprende

    2. Haz

    3. Falla

    4. Reune datos

5. Corrige los puntos débiles y amplifica los puntos fuertes

6. Practica

7. Sigue pasando por el 4-6 hasta que aprendas

8. Crea sistemas

9. Enseña a otros

10. Domina

3. Cambio de mentalidad. La mentalidad que tenías antes era:

"¡Me queda tanto por hacer!" -Demasiado autodestructivo.

¿Pero ahora? Tu mentalidad será:

"¡Vaya, mira lo lejos que he llegado!". -Empoderante de cojones.

Hacer el cambio de mentalidad es difícil. Para mí, para hacer el cambio, practico esto diariamente:

-Gratitud

-Diario de mis progresos

Estas dos tácticas me ayudaron a reconstruir mi mentalidad. Si puedes aplicar estos consejos de forma constante, tu mentalidad cambiará. Te darás cuenta de que si te mantienes presente y te dedicas por completo al proceso, los resultados llegarán. Garantizado.

Una vez que los resultados lleguen y estés mejorando, ¡es el momento de subir un peldaño más! ¿Cuál es?

Los números 8-10 de la lista.

1. Aprender

2. Hacer

3. Fallar

4. Reunir datos

5. Corregir los puntos débiles y amplificar los puntos fuertes

6. Practicar

7. Seguir pasando por el 4-6 hasta que se aprenda

8.Crear sistemas

9. Enseñar a otros

10.Dominar

Una vez que puedas enseñar a otros, aprenderás mucho más en el proceso. Además, ayudarás a otra persona a centrarse en el proceso por encima de los resultados porque has sido capaz de cambiar tu mentalidad por ti mismo.

El aprendizaje lleva a la potenciación y la enseñanza lleva a la realización. Haz ambas cosas en tu viaje y dispara tu crecimiento en el proceso.

Cómo Aprender Parte 1: El Núcleo

Antes de aprender algo nuevo, vea al menos 5 vídeos o lea 5 artículos sobre el tema. Notarás un patrón con unos pocos conceptos que se discuten repetidamente. Estos son los conceptos centrales del tema. Céntrate en el núcleo y construye a partir de ahí.

¿Puedes explicar por qué haces este hack? ¿Por qué no te metes de lleno en el contenido?

Buena pregunta. Quiero explicarte un poco por qué hago esta estrategia. Primero vamos a empezar con lo que son los conceptos básicos.

Los conceptos básicos son los fundamentos. Todos los demás conceptos se derivan del núcleo. Permítanme hacerles una pregunta. ¿Aprendiste primero la división larga o la división básica?

"Básica".

¿Por qué?

Porque necesitaba conocer los fundamentos antes de subir de nivel".

Exactamente.

Hoy en día, la mayoría de la gente hace lo contrario. Van directamente a lo más importante. ¡Pero eso solo te confunde! Empiezas a pensar que todo es importante.

¿El resultado? Parálisis por análisis: Edición de estudio

Entonces, ¿qué deberías hacer?

Consigue unos cuantos recursos independientes y analiza en qué se centra cada uno de ellos. A mí me gusta hacer 5 vídeos de YouTube o artículos diferentes sobre el tema. Si todas las fuentes independientes plantean puntos similares, entonces esos puntos son el núcleo de un tema. Aprende todo sobre el núcleo y todo tu proceso de aprendizaje será 1000 veces más fácil.

¿Quieres saber algo divertido? Cuando conozcas muy bien el tema, te vas a dar cuenta de que el núcleo era la parte más importante todo el tiempo. Vas a solidificar la importancia del núcleo cuando estés enseñando a otro estudiante.

Ahora elige un tema relacionado con tu estrella del norte y sigue la estrategia de los 5 recursos independientes. Busca entre la palabrería y averigua lo que es importante.

El tiempo es escaso, así que no queremos desperdiciarlo en el mundo de los niveles.

Hack de Estudio

Prueba esto.

Siempre que estés estudiando, haz como si tuvieras que enseñar a alguien el contenido justo después.

Este cambio de mentalidad es enorme.

Te quitarás de encima la palabrería.

Y empezarás a prestar atención solo a los puntos importantes.

Sube el nivel de tu aprendizaje.

Cómo aprender Parte 2: Cómo involucrar tus emociones

El mayor truco para aprender algo es hacerlo divertido.

Un gran truco psicológico. Hacer algo divertido despierta tu deseo interno. El deseo interno es crucial para conectar tu cerebro y tu corazón. Ese nivel de sinergia hará que aprendas como una superestrella.

La mayoría solo aprende con la cabeza. ¿Y quién puede culparles? Así es como nos enseñaron en la escuela. Nos dieron toneladas de material para aprender solo para poder pasar un examen. Nos han condicionado a aprender solo con la cabeza. Por eso el aprendizaje se siente como un trabajo.

Se siente como un trabajo porque se nos dice que consumamos material que no nos importa una mierda. Lo que lleva a la gente a procrastinar, a empollar y a dejar el proceso a medias. Muchos serán capaces de aprobar los exámenes con el esfuerzo del 50 por ciento, seguro. Pero, ¿se retiene algo del material? No. La razón por la que no se retiene es porque falta un componente clave del aprendizaje.

El deseo.

¿Y cómo lo consigo?

Con la emoción.

No puedes aprender solo con tu cerebro. También necesitas tu corazón.

¿Cómo?

Buena pregunta.

Puedes hacer que tu corazón participe de muchas maneras. Yo tradicionalmente hago dos cosas:

1. Proyección de futuro.

2. Juego.

Estas son mis estrategias, pero puedes experimentar con las tuyas propias. Es posible que ya las estés aplicando sin saberlo.

1. Proyección de futuro - Me imagino a mí mismo en el futuro siendo un profesional en lo que estoy tratando de aprender. Cuando era estudiante de maestría en inteligencia de negocios e ingeniería de sistemas, tenía que lidiar con ciertos temas que eran áridos.

Cuando me encontraba con algo árido, me lo imaginaba en mi futuro.

¿Ejemplo?

Aprender PotenciaShell. La escritura es genial y todo, pero no es divertido para mí. Entonces, ¿cómo lo hago divertido? Me imagino a mí mismo como un futuro CEO que conoce el secuencias de comandos por dentro y por fuera. Saber cómo hacer secuencias de comandos me hace automatizando como una estrella y dejando a los otros CEOs fuera del agua.

Al imaginar cómo la automatización con guiones de PotenciaShell me da una ventaja competitiva, soy capaz de encender mi deseo hacia el tema.

La cuestión es que hay que ser creativo. Sigue buscando nuevos ángulos que puedas aplicar a tu tema y haz que se relacione contigo. Esto despierta el deseo interior.

2. Juego - Convierto el aprendizaje en un juego. Cuando estaba aprendiendo a hablar en público, tenía una enorme ansiedad por hablar. Subir al escenario me resultaba muy difícil. ¿Y qué hice? Lo convertí en un juego. Esto requiere creatividad para pensar en diferentes tácticas de juego.

Mi idea de convertirlo en un juego fue dividirlo en niveles. Cada discurso me ayudaría a alcanzar un nuevo nivel. Competir en los concursos de oratoria era como luchar contra un jefe en un videojuego. Reclutar miembros para Maestros del brindis y ayudarles a superar su miedo eran códigos de trucos, etc.

Ambas estrategias te hacen olvidar que estás aprendiendo. Más bien, simplemente estás haciendo algo porque es divertido. ¿Y quién no quiere divertirse?

grillos

Exactamente. Si sacas a relucir tu niño interior, elevas el nivel de tu aprendizaje. Esa es la clave oculta. Una vez que tu cerebro absorbe el contenido y tu corazón alimenta el motor, te vuelves IMPARABLE.

Vas a aprender.

Vas a estar aplicando.

Vas a retener.

Enhorabuena, bienvenido al 3% superior.

Construir Habilidades para Destruir la Autoconversación Negativa

¿Por qué tengo tanta autoconversación negativa?

Porque te quedas demasiado tiempo sin hacer nada, pensando. Nuestro cerebro está naturalmente predispuesto a centrarse en lo negativo por razones de supervivencia. Pero puedes cambiar eso saliendo de tu cabeza y trabajando por algo. La acción es el rey.

La acción también te llevará a cambiar tus pensamientos.

Alguna vez has escuchado el término:

-Practica hasta que puedas hacerlo.

Sí...

Eso es un error. En realidad es:

-"Practica hasta que te conviertas en ello".

"¿Convertirme en lo que practico?"

¡Sí! Si lo piensas, conducir es un ejemplo. Conducir es una parte de tu existencia en este momento. Puedes conducir sin pensar como puedes respirar sin pensar.

Tus vías neuronales para conducir se han fortalecido y se fortalecen cada vez que te pones al volante. Y ésta es la razón exacta por la que la acción es tan importante. Cambias tu manera de existir.

Desarrollo de habilidades = Desarrollo de la confianza

Cada vez que construyes una habilidad, has estructurado nuevas vías neuronales. Las vías neuronales son un gran factor para tus pensamientos también. ¿Sabes que tu mente se inclina por pensamientos y emociones negativas? Eso cambia cuando añades una habilidad.

Muchos de tus pensamientos se dirigirán por defecto a tu nueva habilidad. Tenía un amigo que solía ser extremadamente negativo. Pero luego se metió en COMPRAR, trabajó en la habilidad de las ventas y pronto se convirtió en un profesional.

Hoy en día, ve oportunidades de venta en todas partes. Su cerebro pasó de tener pensamientos negativos a pensamientos sobre ventas. ¿Por qué? Porque añadió nuevas vías neuronales que condujeron a nuevos pensamientos.

En resumen: Tienes que mover el culo y encontrar algo en lo que fijarte. Puede ser un nuevo negocio, hablar en público, aprender a cantar, etc. Y sigue practicando hasta que te conviertas en ello.

Pronto, el discurso negativo y las emociones negativas pasarán a un segundo plano y tu vida cambiará para alimentar tu nueva habilidad.

Invierte al menos de 3 a 6 meses en un objetivo, o ni siquiera te molestes.

Las primeras semanas parecen un lastre. Y parece frustrante porque es cuando más motivado estás. Pero hay que seguir adelante.

¿Cuánto tiempo debo practicar?

Hasta que lo consciente se convierta en subconsciente.

¿El puente entre un acto consciente y un acto subconsciente es la práctica?

Sí, así es.

La razón principal por la que los humanos no ven los frutos de su trabajo es porque no practican lo suficiente. Verás, muchos tienen un problema con las prisas. Quieren adquirir un nuevo conjunto de habilidades, pero no quieren dedicar el trabajo adecuado. La razón por la que no se esfuerzan es porque no están seguros de cómo aprender.

El aprendizaje de un conjunto de habilidades es un proceso de 4 partes.

Etapas de aprendizaje:

1.Incompetencia inconsciente

2. Incompetencia consciente

3. Competencia consciente

4. Competencia inconsciente

La razón por la que la gente abandona tan pronto es porque intenta saltarse los pasos en las etapas de aprendizaje. Pero ¡paciencia! Sigue el proceso en orden y llegará tu momento.

Pasemos por los 4 niveles de práctica para hacer de un acto de pensamiento en un piloto automático.

Nivel 1

Incompetencia inconsciente - En esta etapa, eres completamente inconsciente. Estás metiendo la pata sin parar, pero ni siquiera sabes dónde. No puedes distinguir la diferencia entre hacerlo correctamente y mal.

Nivel 2

Incompetencia consciente - Sigues practicando y ahora empiezas a ver algunos patrones. Sigues metiendo la pata a menudo, pero al menos puedes identificar dónde. Ahora eres consciente de la tarea que tienes entre manos.

Nivel 3

Competencia consciente - Después de identificar los patrones y arreglarlos, sigues practicando un poco más. En esta etapa, ¡puedes hacer la tarea! Sin embargo, hay una trampa. Tienes que pensar MUCHO.

Empiezas a preguntarte si todo el proceso va a ser así. Empiezas a preguntarte si siempre vas a tener que pensar tanto a la hora de ejecutar. Pero no te rindas aún, todavía hay un nivel más.

Nivel 4

Competencia inconsciente - Después de mostrar agallas y perseverancia, finalmente has alcanzado el nivel 4. Ahora eres capaz de hacer la tarea en piloto automático. Has solidificado las vías neuronales para la tarea y ahora es parte de tu existencia.

Al pasar por todas las etapas de aprendizaje, puedes convertir un acto aprendido en un instinto. En tu viaje de subida de nivel, necesitas aprender habilidades para alcanzar tu estrella del norte, por lo que la práctica efectiva es una necesidad.

Ahora ya sabes cómo practicar como un campeón. Encuentra el conjunto de habilidades que quieres dominar y ¡atrévete a hacerlo!

Cualquier objetivo será extremadamente difícil antes de ser extremadamente fácil. ¿Lo entiendes? Puedes aprender prácticamente cualquier cosa. Solo tienes que mostrar ética de trabajo, constancia y perseverancia. Hazlo y el mundo será tuyo.

Código de trucos para la Productividad

Engaña a tu mente.

Actualmente, estás buscando más formas de ser productivo.

Dale la vuelta.

Busca menos formas de distraerte.

Elimina las distracciones para que la productividad sea tu única opción.

Mi recomendación es tener un lugar dedicado exclusivamente a trabajar.

Aprovechar la obsesión para aprender habilidades

La gente odia la obsesión. Pero la obsesión hace el trabajo más rápido. Dos meses de concentración divina superan a dos años de inmersión. Ten la obsesión. Solo hay que saber en qué canalizarla.

"Si la obsesión es tan beneficiosa, ¿por qué tiene mala reputación?

Tiene mala reputación porque es malinterpretada. El público en general ve a las personas obsesionadas como zombis que llevan las cosas demasiado lejos. Y es cierto que hay muchos obsesos así.

Pero hay muchas personas que no son zombis, sino que tienen un gran rendimiento. Quiero explicar la diferencia entre los dos grupos y ayudarte a aprender cómo aprovechar la obsesión para aprender a niveles sin precedents

Grupo 1: Zombis

Son USADOS por la obsesión. Están tan poseídos que dejan que otras partes de su vida se vayan al infierno. Muchos de ellos tienen un alto rendimiento, seguro. ¿Pero son felices? No. Todo lo que hacen es trabajar obsesivamente todo el día.

"¿Se dan cuenta alguna vez de que son zombis?"

Algunos sí. Sus seres queridos les sacan del modo zombi haciéndoles vivir una vida. O tienen una epifanía por su cuenta. ¿Pero el resto? Se dan cuenta del error en sus caminos en su lecho de muerte.

Grupo 2: Los de alto rendimiento

Utilizan la obsesión. Saben que la obsesión es el hermano mayor de Focus. Así que saben cómo obsesionarse estratégicamente en su oficio, sin dejar que su vida se convierta en una ruina.

Cuando este grupo trabaja, TRABAJA.

-Se burlan de la multitarea.

-Se presionan a sí mismos (se trabaja mejor cuando se está entre la espada y la pared).

-Tienen rutinas, una gran disciplina y hábitos saludables para maximizar su rendimiento.

Pero lo más importante es que son constantes.

¿Diablos y todavía tienen tiempo para ocuparse de otras partes de su vida?

Sí, porque cuando este grupo descansa, descansa.

Pueden descansar sabiendo que lo han dado todo durante sus sesiones de trabajo. Descansan pasando el rato con sus seres queridos, viendo un programa, relajándose, etc.

Pero, ¿no es suave tomar sesiones de descanso?

En absoluto. Tienes que ser capaz de tomarte sesiones de descanso para que tu motor funcione bien. Mientras que el grupo 1 se quema y se pregunta por qué se siente miserable, el grupo 2 juega a largo plazo y se siente emocionalmente estable.

Tienes que estar emocionalmente estable si quieres jugar a largo plazo. Cuando la mente y las emociones trabajan en armonía, se crea un enfoque de tipo láser y pasión. Por eso el grupo 2 siente que ni siquiera está trabajando. Solo se están divirtiendo.

Pero no confundas la diversión con la debilidad. La diversión es lo que te permite hacer un progreso MASIVO. Tienes que disfrutar de lo que haces para poder aprovechar la obsesión.

***Enfoque poderoso + sesiones de descanso =
Aprovechar la obsesión a tu favor.***

Se acabó el parecer un extra de Walking Dead.

Ahora, ¡vamos! Empieza a tomarte tu tiempo más en serio. Haz en 2 meses las mejoras que a otra persona le cuesta 2 años hacer.

Desafía todas las probabilidades.
Obsesiónate

Cómo ejecutar correctamente la disciplina

☆Las personas en forma fueron alguna vez gordas.

☆Los maestros fueron alguna vez principiantes.

☆Las personas exitosas fueron alguna vez fracasadas.

☆Las personas maduras fueron alguna vez inmaduras.

☆Las personas motivadas fueron alguna vez perezosas

Puedes hacer cualquier cambio que desees. Lo único que se interpone en tu camino es la disciplina.

¿Puedo hacer cualquier cambio que desee?

Por supuesto. Solo necesitas la disciplina para lograrlo. ¿Es la disciplina realmente tan importante?

Sí, cambia la vida. Pero entiende una cosa, la disciplina no es simplemente un acto, es una mentalidad.

"¿Una mentalidad? Pensaba que la disciplina solo significaba seguir una rutina".

¿Y qué crees que hace seguir esa rutina? Altera tu mentalidad.

Una mentalidad alterada = Una realidad alterada

La triste verdad es que mucha gente se queda sin hacer nada cuando se trata de disciplina. Lo hacen algunos días, lo descuidan otros días y pronto abandonan este principio que cambia la vida. Pero eso es porque están mal orientados.

Para optimizar el discipulado, necesitas

Un por qué

Un cómo

Un qué

Deseo = Por qué

Proyecto a largo plazo = Cómo

Rutina diaria = Qué

La manera incorrecta de hacerlo es solo saltar al "qué". Es una mala estrategia. Hacer un montón de actos productivos al azar sin la menor idea de por qué es una receta para el desastre y te llevará a abandonar. He aquí cómo introducir correctamente la disciplina en tu mundo:

1. Tienes que empezar con tu PORQUÉ. ¿Por qué quieres ser disciplinado? ¿Es para ponerte en forma, hacerte rico, tener confianza en ti mismo? Identificar tu PORQUÉ involucra tus emociones. Despierta tu DESEO.

2. Visualiza tu CÓMO. Esta parte será confusa al principio, ya que acabas de empezar tu viaje. Pero la visualización y la acción consistente te ayudan a cortar con el trabajo pesado y a encontrar lo que realmente importa. Aprovecha tu imaginación para crear un plano y luego traza tu camino.

3. Haz el QUÉ. Una vez que hayas pasado por los pasos 1 y 2, hacer tu rutina diaria te resultará MUCHO más fácil. Incluso te parecerá divertido. ¿Por qué? Porque ahora estás trabajando con un propósito en lugar de simplemente tirar mierda a la pared y ver qué se pega.

Dirección > Velocidad

Verás, amigo mío, te has equivocado todo el tiempo. Tienes una creencia limitante que dice que la disciplina se supone que es aburrida. ¿Pero en realidad? La disciplina está lejos de ser aburrida. Es satisfactoria. Si la satisfacción no te emociona, entonces no sé qué decirte.

Tus sueños más salvajes pueden hacerse realidad si tienes la fortaleza mental para ejecutar tu disciplina. Tienes que ser constante, no solo cuando te apetezca. Eso es lo que separa a los ganadores de los perdedores.

Ahora ve a por lo que es tuyo. No dejes que una sola persona te impida conseguirlo. Pero lo más importante es que no permitas que tú mismo te impida conseguirlo.

-Todo comenzó con un pensamiento.

-El pensamiento se repitió.

-El pensamiento se trabajó.

-Con el paso del tiempo, el pensamiento se convirtió en un comportamiento.

-Se trabajó más, día tras día.

-Pronto, el comportamiento comenzó a producir resultados.

-¿Es magia?

-No. Es consistencia.

La constancia despertará tu genio interior

Lo llaman milagros. Yo lo llamo mantener la constancia durante el tiempo suficiente.

El cerebro humano es una potencia. Piénsalo por un segundo. ¿Cuántas veces te has subido a tu coche y, después de un tiempo, has llegado a tu destino? Acabas de conducir un coche, pero lo has hecho con tanta fluidez que ni siquiera te has dado cuenta. Apuesto a que son demasiadas veces para contarlas.

¿Cómo es posible? Es porque tu cerebro ha incorporado la conducción a su existencia. Puede hacer la tarea automáticamente con el piloto automático. Pero, ¿por qué detenerse en la conducción? ¿Por qué no ir más allá y ver qué más puedes hacer con el piloto automático?

Ahí es donde entra en juego la constancia. La mayoría no alcanza sus objetivos porque no han sido constantes. Lo hacen un día, lo descuidan durante unos días, vuelven a ello y se quedan en un nivel inferior. Luego culpan a la tarea diciendo que es demasiado difícil. Es de risa.

Solo tienes que ser constante, hacer un autoanálisis y tu cerebro se encargará del resto. Aquí tienes un ejercicio para asegurarte de que sigues siendo constante. Y sí, este ejercicio lleva el nombre del legendario Jerry Seinfeld, que utilizó esta rutina para escribir sus rutinas de monólogos.

Estrategia de la cadena Seinfeld:

1. Identifica la habilidad que quieres aprender.

2. Compra un calendario con todos los meses en una página.

3. Compra un rotulador rojo.

4. Practica cada día la habilidad y marca una "X" para el día.

5. Forma la cadena de X's y no dejes que se rompa.

Tu conjunto de habilidades se solidificará en poco tiempo.

La diferencia entre un buen fracaso y un mal fracaso

¿Cómo pueden ser buenos los fracasos? Solo me hacen perder el tiempo".

Puede que ahora te hagan perder el tiempo, claro. Pero entonces, los fracasos te dan lecciones. Y esas lecciones te ahorran tiempo en el futuro.

No soy muy partidario de utilizar la palabra "fracaso" porque automáticamente fuerza una percepción negativa. Pero la palabra es necesaria. Es necesaria porque despierta la acción en los seres humanos. A lo largo de tu viaje de subida de nivel, esta palabra empezará a formar un nivel de matiz. Aprenderás que hay dos tipos de fracaso: el fracaso malo y el fracaso bueno.

El fracaso malo es cuando fallas exactamente de la misma manera una y otra vez.

-No aprendes de tus errores.

El fracaso bueno es cuando fallas de forma innovadora.

-Estás ganando nuevos datos para eventualmente resolverlo todo.

No puedes aprender nada nuevo si te niegas a fracasar. Fracasar es un subproducto para aprender algo innovador. Considera el fracaso como una "recopilación de datos". Pero una vez que se recogen los datos, hay que analizarlos. De lo contrario, se pasa de la "recopilación de datos" al fracaso.

Mientras aprendes y ejecutas estas habilidades, vas a pasar por muchas pruebas y errores.

Pero **paciencia.**

Cada fracaso es un punto.

Apila los fracasos y extrae las lecciones.

Con el tiempo, los puntos empezarán a conectarse.

La imagen florecerá ante tus ojos.

Hasta entonces, siempre hay que mostrarse y salir.

Descansa como un campeón

Para jugar a largo plazo, hay que trabajar y descansar.

Trabajar en exceso no es una insignia de honor. De hecho, es perjudicial para tu viaje de subida de nivel.

¿Has tenido alguna vez ese momento en el que estás trabajando sin parar durante días, semanas, meses? Y mientras trabajas y trabajas, sucede algo muy extraño. Te desconectas y te vas a una larga juerga de pereza.

"Eso me resulta muy familiar".

La razón de este fenómeno es que cuando no le asignas a tu cuerpo el descanso, él lo asignará por ti.

Comprende que la energía es limitada, no ilimitada. No eres una máquina que puede trabajar sin parar. Y como ingeniero que ha trabajado con sistemas durante muchos años, incluso las máquinas no están siempre en funcionamiento. Se les asigna un tiempo de inactividad para preservar el motor. Si las máquinas necesitan descansar, tú también.

Mis dos reglas generales sobre el descanso son muy sencillas:

1. El descanso se gana a pulso.

2. Cuando descansas, descansas. No descansas, revisas tus correos electrónicos, descansas, trabajas, etc.

Siguiendo esta fórmula de 2 pasos, podrás descansar y ser un trabajador más eficiente. ¿La verdad? Diré que el descanso es TAN importante como el trabajo en el viaje de subida de nivel.

Asegúrate de no descuidarlo y arriesgarte a quemarte.

Cómo enseñar correctamente

La enseñanza es poderosa porque se aprende más enseñando a otros que por sí mismo.

Cuando hayas aprendido efectivamente una materia o una habilidad, es el momento de devolverla. Es el momento de encontrar un estudiante y enseñarle.

Deberías hacer la menor cantidad de trabajo posible al enseñar. Siéntate, guía y deja que cometan sus propios errores. Así es como el alumno aprende a pensar por sí mismo. No es necesario que le des la mano.

¿Me estás diciendo que menos es más cuando se trata de enseñar?

Correcto.

"No sé si te entiendo. Pensé que debía enseñar a mis alumnos diciéndoles lo que tenían que hacer".

Estás completamente equivocado.

- Cuando le dices a alguien QUÉ debe pensar, eso lleva a la dependencia.

- Cuando le enseñas a alguien CÓMO pensar, eso lleva

a la independencia.

Es difícil distinguir la diferencia porque en el sistema escolar se nos dice a menudo lo que tenemos que pensar. Pero hay que tener mucho cuidado. Lo más probable es que seas una víctima de esto o que provoques que alguien sea una víctima de esto.

A partir de ahora, cuando enseñes a alguien algo que conoces muy bien, deja que tu alumno haga el trabajo. Siéntate y deja que cometan sus propios errores. Haz preguntas estratégicas para guiarles cuando estén atascados. Eso es todo.

Y si alguien te está enseñando algo, asegúrate de que no te está dando lecciones todo el tiempo. Toma el asunto en tus manos y pide hacer más trabajo por ti mismo.

Cuando un ser humano se pone a trabajar, sus vías neuronales comienzan a conectarse y a solidificarse. Así es como su cerebro digiere los conceptos y empieza a utilizar su propia creatividad para pensar por sí mismo.

En resumen, ¡haz menos! Ya sabemos que eres un profesional. No hace falta que demuestres lo inteligente que eres. Dale a tu alumno la oportunidad de demostrar lo inteligente que puede llegar a ser.

Te sentirás muy orgulloso cuando tu alumno empiece a sacar provecho de tus lecciones y a añadirle sus propios giros. Y ahora has criado a un alumno que puede transmitir tu sabiduría al siguiente. Enseñanza 101.

Y, además, te irás más listo de lo que entraste. Así es como debe jugarse el juego.

Del Estudiante -> Creador -> Maestro

Esperamos que esta sección te haya enseñado el arte de aprender para que puedas producir resultados y enseñar a otros a producirlos. Para subir de nivel y disparar tu crecimiento, tienes que ser una máquina de aprender y producir.

Al final del día, no serás recordado por las opiniones que tuviste. Serás recordado por los resultados que hayas producido con tu mente y tu corazón. Cuando sabes cómo aprender y estás aprendiendo algo que deseas, el viaje de auto-educación se siente como una explosión. Diseñas tu propio programa de vida y encuentras formas innovadoras de diseñar tu futuro.

Vivimos en la era dorada del aprendizaje. Hay tanta información que puede impulsarte a la grandeza. Aprovéchala al máximo, amigo mío. Para concluir este capítulo, te dejaré un código de trucos para ayudarte a pensar en grande.

***CÓDIGO DE TRUCOS** para dejar un legado:*

1. Apunta a convertirte en la mejor versión de ti mismo.

2. Luego intenta ayudar a la gente a convertirse en la

mejor versión de sí mismos.

Nota: Cuantas más vidas impactes, más fuerte será tu leyenda.

MENTALIDAD ORIENTADA A SUBIR DE NIVEL

PARTE 7:

Trato con las personas

La criatura social

En el fondo, los humanos son criaturas sociales. En nuestra época primitiva, la expulsión de la tribu se consideraba una sentencia de muerte. En el mundo actual, no diría que las repercusiones son tan graves, aunque sí las hay.

Con el aumento de la tecnología, las habilidades sociales son escasas. Los seres humanos son capaces de entretenerse con sus televisores inteligentes, cuentas de Netflix, teléfonos inteligentes, etc. ¿Para qué molestarse en salir de casa y quedar con la gente en la vida real?

Pero esta es una mentalidad peligrosa. Ninguna tecnología o entretenimiento artificial puede anular la esencia del ser humano. Aunque no debemos ver como una sentencia de muerte el trabajar de forma aislada, sí debemos verlo como algo perjudicial. Para que te conviertas en tu mejor yo, no sucederá por sí solo.

Piénsalo por un segundo. Estoy bastante seguro de que has llegado a donde estás hoy gracias a que algunas personas te han ayudado en el camino. Si puedes cerrar los ojos y dar un paseo por el carril de la memoria, lo más probable es que tengas al menos 5 personas que han desempeñado un papel importante en tu yo actual. Rara vez verás a alguien en la cima de su campo sin ningún tipo de ayuda.

A pesar de todo lo bueno que tienen los humanos, también está lo malo. No todos los humanos van a tener tu mejor interés en mente. Habrá muchos que quieran hacerte daño. Los odiadores, las serpientes y las personas tóxicas son algunos de ellos.

Por eso es tan importante subir de nivel tus conocimientos de dinámica social para poder navegar por el caótico mundo social. El círculo con el que te rodeas puede subirte o bajarte el nivel.

Vamos a asegurarnos de que no caigas en esta última categoría, ayudándote a aprender los fundamentos de la dinámica social. En esta sección, aprenderás sobre tus divisas más preciadas, el chico bueno, cómo formar una tribu, lidiar con la gente tóxica y mucho más.

Ahora entremos en el maravilloso mundo de las dinámicas sociales.

Tus monedas más preciadas

Solo da estas monedas a personas de alto valor. Nunca gastes estas monedas en cabezas de mierda de bajo valor, por ejemplo: trolls, comadrejas, serpientes, detractores, etc.

-Energía

-Tiempo

-Atención

-Confianza

-Amor

-Lealtad

-Respeto

Creía que el dinero era la moneda más importante".

No. No hay escasez de dinero en este mundo. Hacer de los dólares tu moneda más importante te hará llevar una vida vacía. Es hora de cambiar tu perspectiva.

-Energía: Cuando te desnudas hasta el fondo, eres una criatura emocional. Las emociones son la energía de tu mundo interno. Aprovechar esa energía es crucial para apalancarte y obtener lo que quieras. Tienes una cantidad finita de energía cada día, así que gástala sabiamente.

-**Tiempo**: Un segundo que se pierde no se recupera jamás. Cuanto más maduras, más valoras esta moneda. A medida que los años se van sumando, te das cuenta de que el tiempo es precioso. Debes tener siempre una mentalidad de escasez hacia el tiempo. Una vez que lo hagas, dejarás de ser perezoso.

-**Atención**: Puedes estar aquí, pero no presente. La atención es completamente mental. Dar a alguien tu atención significa que estás despejando el ancho de banda mental para hacer espacio para ellos. Solo da tu atención a las personas que te ayudan a crecer. ¿A las negativas? Ignora su existencia.

-**Confianza:** La gente se deja morder por tantas serpientes porque hacen que su confianza sea más barata que los Tootsie Rolls. Triste. Cuanto más abarates tu confianza, más invitas a la energía tóxica a tu vida. Haz que tu confianza sea cara. Entonces haz que la gente se la gane con acciones, no con palabras.

-**Amor**: Darás tu amor a muchas personas en tu vida que no lo valoran. ¿Y qué es lo que hacen? Te ensucian. Pero pase lo que pase, mantén siempre la cabeza alta. Esta emoción es poderosa. Evita la tendencia a dejar que las experiencias pasadas ensombrezcan tu visión del vínculo invisible.

-**Lealtad**: Cuanto más madures, más te sorprenderá la gente leal. Maduras después de haber aprendido la oscura verdad sobre el mundo real. La mayoría son desleales. Pero evita caer en la trampa de ser como ellos. Ten una lealtad

INCREÍBLE con las personas que te son leales.

-Respeto: La moneda que a menudo se malinterpreta. La gente gasta esta preciosa moneda en personas de poco valor. No. Nunca muestres respeto a racistas, odiadores, serpientes, etc. Eso no significa ser irrespetuoso. Simplemente distánciate y dales o energía.

¿Lo ves? Estas fueron las monedas más importantes todo el tiempo. Pero la sociedad quiere que creas que es dinero. ¡Eso es mentira! Cuando estés en tu lecho de muerte, no estarás pensando en tu cuenta bancaria.

Estarás pensando en tus: experiencias, seres queridos, la persona en la que te has convertido. Eso es lo que realmente importa. Así es como piensas en grande mientras todos los demás piensan en pequeño. Cambia tu vida para siempre. Adopta estas monedas como las más importantes.

Gasta estas monedas en las personas, proyectos y eventos adecuados. Y lo creas o no, haciendo esto, el dinero vendrá.

Es hora de subir de nivel tu realidad.

La diferencia entre agradable y amable

La gente va y viene. La persona del otro lado del espejo sigue siendo la misma. Te vas a quedar contigo mismo para siempre. Empieza a convertirte en la prioridad.

Convertirte en la prioridad es un momento que cambia la vida en el mundo de la dinámica social. Hasta que no hagas esta transición mental, vas a notar siempre algo muy desalentador. Vas a notar que eres el "chico bueno".

El tipo simpático es una persona que complace a la gente y que cambia de personalidad como de ropa. Algunos rasgos del tipo agradable incluyen:

-Risas excesivas

-Estar de acuerdo con todos los puntos

-cambiar sus creencias para estar de acuerdo con los demás

-contacto visual de mierda

-Ponerse nervioso sin parar

-decir "lo siento" muchas veces

-terminar cada frase con "creo", etc.

Quizás te preguntes por qué el chico bueno se comporta de la manera que lo hace. Es porque quiere aprobación. Quiere caerle bien a los demás, así que en lugar de hacer de sí mismo la prioridad, hace de los demás la prioridad.

¿Acaba gustando más a la gente?

No. Todo lo contrario.

La gente siente repulsión por el chico bueno. Aunque el tipo agradable hace y dice todas las cosas correctas, los demás seres humanos simplemente no se sienten cómodos a su alrededor. Su subconsciente puede decir que toda esa amabilidad es falsa.

Esto hace que los demás se aprovechen de la persona amable y la dejen de lado.

En lugar de ser amable, sea amable.

"Pensé que eran lo mismo".

No.

- Amable= Entregar un mensaje real por accidente o un mensaje falso + Entrega positiva
- Amable= Entregar un mensaje real + Entrega positiva

Noté que dije que un tipo amable entrega un mensaje real por accidente. Porque no les importa entregar un mensaje real o no. Se centran principalmente en entregar un mensaje para la aceptación. Si dan un mensaje real, suele ser por accidente.

Por otro lado, el tipo amable es auténtico. Su intención principal se basa en mantenerse fiel a sí mismo y ser real.

A menudo, creemos que ser real significa ser un imbécil.

Pero eso no es cierto. Se puede ser real y amable al mismo tiempo.

Y a diferencia del tipo amable, el tipo amable es respetado por sus compañeros. Transmite una energía tranquila, equilibrada y auténtica que le hace atraer a las personas adecuadas a su vida. Mientras que el tipo amable no se quiere a sí mismo y tampoco le gusta a los demás, el tipo amable vive una vida diferente. El tipo amable se ama a sí mismo y los demás son capaces de valorarlo también.

De ahora en adelante, hazte a ti mismo la prioridad y procura ser amable, no simpático.

Por qué la autenticidad es el rey

Al fin y al cabo, eres un imán. Atraes lo que pones ahí fuera. Por eso es peligroso fingir ser alguien que no eres. Empiezas a magnetizar a la gente que ama la ilusión de ti, pero que no ama a tu verdadero yo.

El mundo de la dinámica social se basa principalmente en la energía. La energía que pongas ahí fuera será la energía que atraigas. Este concepto es la razón principal por la que quieres ser auténtico.

Ser auténtico es más fácil de decir que de hacer. ¿Por qué? Porque en muchos casos, a menudo no sabemos quién es realmente nuestro auténtico yo. Los seres humanos son criaturas tan matizadas que es difícil determinar los comportamientos exactos.

Pero el truco para encontrar y maximizar tu yo auténtico es un proceso de dos pasos:

1. Análisis.
2. Hablar con la gente como si fueran amigos de toda la vida.

1. Análisis - En este paso, quiero que encuentres a 3 personas con las que estés muy unido. Una vez que las hayas identificado, quiero que analices tu comportamiento la próxima vez que salgas con

ellas:

¿Cómo se comportan? ¿De qué hablas? ¿Cómo te sientes?

Busca patrones subyacentes. Los patrones son las respuestas que arrojan luz sobre tu auténtico yo. Tomar conciencia de los patrones es muy importante, porque indica a tu núcleo lo que es normal y anormal para ti. La próxima vez que actúes como alguien fuera de lo normal, tu conciencia te indicará que algo está mal. Una vez que hayas identificado tu auténtico yo, aplícalo.

2. Hablar con la gente como si fueran amigos de toda la vida- Aplica tu análisis del paso 1 en este paso. Aquí es cuando ejercitas tu músculo social para sentirte más cómodo en entornos sociales. Al principio, te sentirás un poco incómodo mostrando al mundo tu auténtico yo, pero entiende que es parte del proceso.

Ahora estás dejando de lado el ruido desde el principio. Estás permitiendo que las personas a las que no les gusta tu auténtico yo se excusen de tu vida y manteniendo a las que les gustas.

Al ser auténtico, atraes a las personas adecuadas y ya no estás actuando.

Si puedes ejercitar tu mentalidad para luchar contra la incomodidad, te sentirás más cómodo en las interacciones sociales. Estás ejercitando tu ser auténtico para que sea tu comportamiento de base. Una vez que lo consigas, te convertirás en el imán que atrae a la gente que te quiere por tu verdadero yo.

Encontrar una tribu

"El cuchillo de mantequilla afila el hierro". No lo dijo nunca nadie. Nunca se puede alcanzar la grandeza rodeado de vagos.

El hierro afila el hierro". Mantén tu círculo lleno de gente con hambre de éxito.

Estoy seguro de que has oído el dicho: "Eres el promedio de tus 5 mejores amigos".

Y no es de extrañar que ese dicho sea 100% cierto. Los amigos de los que te rodeas tienen un impacto mayor en tu futuro del que puedes imaginar.

Recuerdo que hace unos años, salía con un grupo de perdedores, de fiesta y con un montón de tonterías. Para mi "sorpresa", me sorprendió ver cómo estaba afectando a mi vida. Malas notas, más ansiedad y jugar a ponerse al día. Pero, ¿por qué?

Porque tu círculo de amigos difunde energía, el lenguaje de la mente subconsciente. Recuerda que tu subconsciente ve la vida a través de imágenes y emociones. Cuando te rodeas de perdedores, personas tóxicas y víctimas, tu mente subconsciente está observando cuidadosamente y recogiendo los hábitos.

Unos años más tarde, me di cuenta de que mi círculo de

amigos no era el mejor para mí. Así que me puse en modo monje y me propuse subir de nivel en mi vida. Durante este viaje de subida de nivel, me apunté a Toastmasters, terminé mi carrera de ingeniería y me ejercité.

Cuando empecé a crear valor para mí, pasé de perseguir a los demás a atraerlos. Muchas de las personas que ahora entraban en mi vida se adaptaban mejor a mis valores. Y desde la construcción de la nueva tribu, la vida ha sido mucho más eficiente en el viaje de subir de nivel.

Si quieres encontrar tu tribu, tienes que ser capaz de distinguir entre un activo social y un pasivo social.

Activo social: Un activo social es alguien que te empodera. Esta persona te ayuda en tu viaje de subida de nivel para convertirte en tu mejor yo. Aunque tú tengas una estrella del norte diferente a la de tu activo, ellos están trabajando hacia algo tratando de ser mejores. Un activo social tiene que aportar valor. El valor puede venir en términos de apoyo emocional, ayuda con una habilidad, alguien con quien intercambiar ideas, etc.

Pasivo social: Un pasivo social es alguien que te agota o saca lo peor de ti. No te aportan ningún valor y tienden a desviarte del camino de tu vida. Suelen aparecer en relaciones tóxicas, en personas que solo cotillean, en personas sin una misión vital, etc.

Una vez que puedas distinguir entre un activo social y un pasivo social, tienes que esforzarte por dar el 100% de tu esfuerzo a los activos sociales y el 0% de tu esfuerzo a los pasivos sociales. Es un principio muy sencillo que a menudo se pasa por alto. En el viaje de subida de nivel, no puedes entretenerte drenando energía en absoluto. Corta los vampiros de energía sin piedad.

Ahora que ya conoces los dos principales grupos sociales, sigue haciendo lo siguiente:

Construye tu vida.

Sé social.

No es necesario complicarse demasiado. Normalmente, tanto el 1 como el 2 se complementan entre sí. A medida que construyas tu vida en términos de perseguir tu estrella del norte, te darás cuenta de que te cruzas con un montón de personas con ideas afines. Una vez que lo hagas, concéntrate conscientemente en entablar una conversación. No esperes a que se acerquen a ti y se presenten. En lugar de eso, adopta un enfoque activo, rompe el hielo y sé social.

De este modo, te darás cuenta de que estás conociendo a mucha gente nueva. Pero todo esto tiene una trampa. Conocer a mucha gente es estupendo y todo eso, pero no hay que llamarlos amigos tan rápido.

Para subir de nivel, tienes que ser muy exigente con quién consideras un amigo. Dar el título de amigo a todo el mundo hará que se devalúe el vínculo. Tienes que considerar un honor formar parte de tu tribu. Haz que sea un grupo exclusivo seleccionando solo a un puñado de ganadores. Por lo tanto, es importante tener un sistema de filtración social. Es algo así:

Paso 1: Red de contactos - En esta etapa, estás siendo social y conociendo gente nueva.

Paso 2: Establecimiento de relaciones - En esta fase, se buscan puntos en común o simplemente se intenta conocer mejor a la persona.

Paso 3: Se forma la amistad - En esta etapa, has llegado a conocer a la persona lo suficientemente bien como para intercambiar información de contacto y ayudarse mutuamente en el futuro. Los dos deben ser capaces de aportar valor a la vida del otro. No te limites a conocer a todo el mundo.

Paso 4: Formación de amigos - Solo unos pocos elegidos deberían llegar a esta etapa. Esta etapa debe consistir en personas con las que puedas establecer una conexión social y emocional. Pero lo más importante es que sean leales. La lealtad es un factor enorme en la construcción de una tribu. Una de las razones por las que siempre he sido partidario de un círculo pequeño en lugar de uno grande es la escasez de lealtad en el mundo actual. A medida que maduras, no vas a ser más confiado, vas a ser menos confiado. Sé egoístamente exigente.

Una vez que hayas hecho el sistema de filtración social, tu teléfono se llenará de muchos más contactos.

¡Ahora escoge y elige a través de la información para construir tu tribu! No tienes que limitarte a una sola tribu. Recomiendo tener varias que te ayuden a subir de nivel en diferentes facetas de la vida.

Una recomendación es tener un sistema de niveles de tribus:

Tribu grande: Consiste en muchos conocidos y amigos. Esta tribu es grande y permite que todos ustedes hagan mastermind, compartan consejos, promuevan las marcas y la misión de vida de cada uno.

Tribu mediana: Consiste en algunos conocidos y amigos. Esta tribu es más pequeña y más personal. Esto permite establecer vínculos sociales más fuertes y un lugar para intercambiar ideas.

Tribu exclusiva: Está formada solo por amigos. Esta tribu es más personal y discute temas exclusivos que no son vistos por el mundo exterior.

Tienes la libertad personal de formar la tribu que mejor se adapte a tu misión en la vida. Construye una tribu llena de ganadores y agudiza tu mente en el proceso.

Formación de vínculos sociales 101

Rompe:

Entra en su mundo presentándote.

Chispa:

Conocer al otro.

Mantener:

Intercambiar información de contacto para el seguimiento.

Reforzar:

Hacer un seguimiento.

Premiar la lealtad con la realeza

Busca a las personas que cuidaron de ti cuando no tenías nada.

En el mundo de la dinámica social, tu carácter lo es todo. Una persona sin carácter es vista como un humano de bajo valor social por los humanos de alto valor social.

Y si estás tratando de subir de nivel, entonces necesitas gente que te lleve a la siguiente etapa. Por lo tanto, quieres proteger tu carácter maximizando tu lealtad.

La lealtad es el vínculo invisible que conecta a los humanos entre sí. Lo triste es que la lealtad es un recurso escaso en el mundo actual. Vivimos en un mundo social lleno de odiadores, serpientes y comadrejas.

Cuando ves a una persona leal, se convierte en un soplo de aire fresco. Pero hay que entender que hay que hacer que su lealtad sea valiosa. La haces valiosa haciendo lo siguiente:

1. Recompensar la lealtad con regalías.

2. Distanciarse de los desleales.
De hecho, veo que la gente sigue siendo leal a alguien que le ha apuñalado por la espalda porque cree que eso le convierte en una "buena persona".

No es así.

Te convierte en una persona tonta. Devalúas tu lealtad cuando te mantienes leal a una persona desleal y estás recompensando el mal comportamiento. Mientras subes de nivel, tienes que meterte en la cabeza un concepto importante:

No intentes arreglar a las personas que no creen que haya nada que arreglar.

El hecho de que tengas la intención correcta para ellos no significa que vayas a recablear su mente subconsciente. No le des nada a la gente desleal.

En cuanto a las personas leales, dales el mundo. Las personas leales pasarán por el infierno y volverán para asegurarse de que estás subiendo de nivel como deberías: 1 amigo leal supera a 100 posesiones materiales.

Habrá muchas tentaciones en el mundo real para romper la lealtad, pero valora el vínculo invisible y nunca olvides de dónde vienes.

Tu carácter es mucho más importante de lo que imaginas, así que protégelo con la vida. La lealtad es una fuerza magnética en una tribu. A medida que creces como persona, es mucho más divertido ver a los demás crecer contigo. Cubre las espaldas de los miembros de tu tribu y mantente alerta para asegurarte de que ellos hacen lo mismo por ti.

La diferencia entre carácter y reputación

El carácter: siempre se puede controlar.

Reputación: no siempre se puede controlar.

El carácter es cómo te comportas y la reputación es cómo te perciben los demás.

¿En qué debo centrarme al subir de nivel?

Concéntrate en el carácter.

¿Por qué?

Porque, por desgracia, en el mundo real no todo son mariposas y arco iris. Hay dos criaturas que intentarán dañar tu reputación, por muy buena persona que seas: los odiadores y las serpientes.

Los odiadores y las serpientes chismorrearán, hablarán mal y difundirán mentiras sobre ti. Y muy a menudo, otras personas creerán sus palabras antes de confirmarlo contigo. ¿Es justo? La verdad es que no. Pero debes aceptar la realidad tal y como es, no como la deseas.

Por eso recomiendo centrarse en tu carácter. Sé fiel a ti mismo y respeta tus principios vitales. A partir de ahí, las personas adecuadas se quedarán y las equivocadas se irán.

Siempre tendrás la reputación correcta con las personas correctas que están destinadas a estar en tu vida si te comportas de la manera correcta. Lee eso de nuevo.

Las personas que creen en los chismes sobre ti sin conocer tu versión de la historia nunca fueron leales de todos modos. Déjalos que pateen piedras, ¡no los necesitas de todos modos!

Concéntrate en tu carácter y en lo que puedes controlar, y deja que el resto de las cartas caigan en su sitio.

Odiadores = Perdedores

Nunca he conocido a un odiador que le vaya mejor que la persona a la que odia. Eso ya dice mucho.

A medida que vayas subiendo de nivel, te darás cuenta de que estás atrayendo a muchos más enemigos. Por lo general, vendrán de extraños, miembros de la familia o incluso de amigos a los que estás superando. Pero las personas que te odian suelen hacerlo peor que tú.

Si no lo están haciendo mejor que la persona a la que odian, ¿por qué no se esfuerzan más?

Porque eso requeriría lógica

Las personas que odian, reaccionan a su emoción primaria de celos en lugar de responder.

El ser humano procesa la información con su cerebro emocional antes que con su cerebro lógico. Los celos son una respuesta muy primaria que todo ser humano siente. Pero lo que haces con la emoción determina tu valor en la sociedad.

Hay dos tipos de personas:

Persona A: Siente celos. Le asigna una percepción positiva.

Se inspira para hacer algo al respecto.

Persona B: Siente celos. Le asigna una percepción negativa.

Se convierte en una perra odiosa en el proceso. "¿Qué provoca los celos?"

Un deseo oculto. "¿Algún ejemplo?"

Digamos que ves a un chico que gana mucho dinero en Internet y te pones celoso. Eso significa que un deseo oculto tuyo es ganar más dinero también. A veces, los deseos son pequeños, por lo que se pueden ignorar. A veces, son GRANDES.

A medida que asciendas en tu campo, despertarás los deseos ocultos de MUCHAS personas. Y la triste realidad es que la mayoría de los humanos asignan una percepción negativa a sus celos, convirtiéndose en odiadores en el proceso.

¿Debo tener miedo?

En absoluto.

Deberías sentirte honrado.

¿Por qué?

Porque los perdedores no despiertan celos en otros humanos, solo los ganadores los despiertan. Estás en el camino correcto, sigue avanzando.

Ley de la dinámica social:

Para ser amado por muchos, necesitas ser odiado por muchos.

¿En qué grupo vas a poner tu atención? La elección es tuya.

Pero de aquí en adelante, cambia tu actitud hacia los que odian. Deja que las criaturas de bajo valor social odien, mientras tú miras hacia abajo para reírte de ellos desde tu trono. No van a detenerte. Es más, te potenciarán aún más.

Cuando todo esté dicho y hecho, habrás producido resultados y habrás forjado un legado. ¿Y los que te odian? Se sentirán avergonzados por cómo se han comportado, solo hay que darles tiempo.

TRAMPA al enfado:

Solo te enfadas con los que te odian cuando les asignas un valor social igual o superior.

No es así.

Los haters nacen asignándose un valor social bajo.

¿Por qué exagerar con ellos? APRENDE ESTE CONCEPTO.
Tu enfado se convertirá en simpatía a partir de ahora.

Magia.

Respetando tu tiempo

Dar tu tiempo a personas que te faltan al respeto es una tontería. Solo les das tu tiempo porque tu ego quiere limpiar su nombre y tienes una mentalidad de escasez hacia la gente. Que se jodan ellos y sus opiniones. Da tu recurso más escaso a la gente que respetas y te da respeto.

Imagina esto por un segundo:

-Tu visión de la vida = Estrella del Norte

-Tu viaje = Tu camino

Cada día, tu objetivo es avanzar en este camino, para acercarte a tu estrella del norte. Avanzar tiene muchas formas y tamaños. Aquí tienes algunas:

-Educarte a ti mismo

-Ejecutar tus ideas

-Conectar con otras mentes afines

-Cuidar tu salud para jugar a largo plazo.

Con todas estas tareas que tienes en tu plato, ¿de qué te sirve dar tu tiempo a un odioso? Cuando le das tu tiempo a un odioso, dejas de avanzar en tu camino y, de hecho, ¡empiezas a caminar hacia atrás!

¿Por qué tanta gente dedica su tiempo a los que odian?

Hay muchas razones, algunas de ellas son:

-Ego avergonzado

-Estrella del norte débil

-Poco control emocional

-Mentalidad de escasez hacia las personas.

-Ego indómito: Cuando tu ego es indómito, te tomas las cosas como algo personal. Pero recuerda, cómo te ven los demás es cómo se ven a sí mismos. Rara vez se trata de ti.

-Estrella del norte débil: Cuando tu propósito de vida es débil, tiendes a distraerte mucho. Tómate un tiempo para reevaluar tu estrella del norte. En este momento, te falta deseo. Averigua por qué.

-Poco control emocional: Reaccionas a las emociones perturbadoras como un tonto. Entrena tu mente para que sea más fuerte que tus emociones.

-Mentalidad de escasez hacia las personas: Cuando tienes esta mentalidad hacia las personas, los haters suenan muy fuerte. Pero entiende que hay BILLONES de personas en este planeta. Adopta una mentalidad de abundancia hacia la gente, entonces los odiadores sonarán como susurros.

Sea cual sea la categoría en la que te encuentres, entiende que el tiempo es uno de tus recursos más preciados. Si vas a tener una mentalidad de escasez hacia algo, tiene que ser tu tiempo.

Deja de dedicar tu tiempo a las personas que te faltan al respeto. Siléncialos en las redes sociales y siléncialos en la vida real. Ejerce tu capacidad de autocontrol. No todas las situaciones necesitan palabras. Ignorar es una respuesta en sí misma, y una muy poderosa.

Por qué ignorar es mejor que contraatacar

- Abandona la mentalidad de "devolver el ataque".

-Demuestra poco autocontrol y te hará sentir agotado.

Adopta la mentalidad de "ignorar".

-Demuestra más autocontrol y no te sentirás agotado.

"Creía que atacarles demostraba que era un jefe".

Ningún jefe aprobaría tu comportamiento.

¿Por qué? ¿No es cobarde ignorar?

En absoluto, demuestra poder. Déjame explicarlo con algunos
conceptos de dinámica social.

Las personas que atacan a los demás lo hacen porque carecen de autoestima. Rara vez verás a alguien que está haciendo grandes movimientos en su vida tomarse el tiempo para meterse con los demás. Simplemente no tienen tiempo. ¿Pero las criaturas de baja valoración social? Tienen todo el tiempo del mundo.

Baja autoestima + Mucho tiempo libre = Veneno

Estas personas pueden ser venenosas de muchas

maneras. Pero a menudo, su método de elección es insultar y agitar la mierda con la gente que ellos ven como un valor social más alto. Entonces, atacan. Ahora tienes 2 opciones:

Opción 1. Contraatacar

Muchas personas de alto valor social caen en esta trampa. Creen que es lo más "poderoso". Dicen: "¡Déjame poner a este odioso en su sitio! Pero esta opción es muy pobre.

¿Por qué es mala?

Porque le da a la persona poco valorada socialmente lo que quiere.

¿Y qué es eso? La atención.

Verás, cualquier forma de atención de una persona de alto valor social es vista como una recompensa para una persona de bajo valor social. Buena o mala. Si les atacas de vuelta, se darán una palmadita en la espalda por conseguir una reacción de ti.

Estos perdedores tienen 0 otras cosas en sus vidas, así que se convierten en el conejito de Energizer cuando consiguen que la gente les ataque. ¿Y adivina qué? Te acabas de llevar una L. Ahora te has desviado de tu misión en la vida para entretener a este payaso. ¿Y adivina qué?

"Que?"

Lo harán de nuevo. Y atraerás a otros haters que se acerquen a ti esperando que también les prestes atención. Un proceso muy molesto en el que estar atrapado y que distrae mucho. Terminas sintiéndote drenado. La energía drenada comienza a realizar negativamente tu producción.

Opción 2. Ignorar

Ignorar requiere mucho autocontrol. ¿Por qué? Porque te ves obligado a domar tu ego. El ego quiere, naturalmente, contraatacar cuando se siente faltado de respeto. Por eso, domesticarlo no es una tarea fácil, pero merece la pena. Merece la pena porque

1. Has dejado sin atención a la criatura de bajo valor social, lo que la volverá loca. Es muy divertido presenciarlo, así que te llevas una buena carcajada.

2. Pero lo más importante es que conservas tu energía. Todo esto es energía que puedes canalizar para hacer que tus objetivos se conviertan en realidad.

Déjame preguntarte algo. Cuando vas a comprar ropa, ¿lo haces?

1. Compras una prenda que te gusta.
2. Compras una prenda que te gusta Y otra que no te gusta.

Obviamente, la opción 1.

¿Por qué?

Porque, ¿por qué gastar mi dinero en algo que no me gusta?

La opción 2 es estúpida".

Exactamente.

Ahora pregúntate, ¿por qué gastar tu TIEMPO +

ENERGÍA en alguien que no te gusta? La respuesta es, ¡no lo haces! Deja que piensen lo que quieran. Deja que se pongan a hacer berrinches pidiendo tu atención. Esos payasos no te preocupan en absoluto. Tu única preocupación es tu misión.

La próxima vez que quieras replicar, pregúntate: ¿Ganaré algo dando mi tiempo y energía a este individuo? Si no es así, ¡sigue adelante! Te sentirás mucho mejor en el proceso.

Hacerlos irrelevantes > Guardar rencor

Guardar rencor es lo más fácil.

Pero guardar rencor no es lo correcto.

El rencor pone veneno en tu cuerpo y reconfigura tu subconsciente.

Consumes el veneno y destruyes tu realidad mientras tu atacante duerme como un bebé.

Hacer que el atacante sea irrelevante es un superpoder que unos pocos han dominado.

Cuando haces que un atacante sea irrelevante, aplasta su alma.

Hicieron todo lo posible para obtener una reacción de ti, ¿pero nada?

Ser considerado irrelevante pone veneno en su cuerpo y lo consume.

Intentan atacar más con la esperanza de conseguir cualquier migaja de atención.

Pero tú mantienes tu poder y te elevas.

Ahora eres tú quien duerme como un bebé mientras su cabeza da vueltas.

Así es como debe jugarse el juego.

Mantener el rencor = tú pierdes y ellos ganan.

Hacerlos irrelevantes = tú ganas y ellos pierden.

¿Qué opción vas a elegir después de leer esto?

Tu elección dirá mucho sobre el grado de control que tienes sobre tu ego.

Elige sabiamente.

Cómo lidiar con las serpientes

Quizá te preguntes cuál es la diferencia entre un odiador y una serpiente.

- Un odiador es ruidoso con su desprecio hacia ti.- Una serpiente es silenciosa con su desprecio hacia ti.

En muchos sentidos, esto hace que se respete más al que odia. Por lo menos el que odia es honesto y ahora sabes que no le vas a dar nada de tu tiempo. Pero con una serpiente, mienten y pretenden ser tu amigo.

Voy a ser honesto contigo... Vas a tener que tratar con muchas serpientes a medida que vayas subiendo de nivel. ¿Es justo? No, en absoluto. Pero, de nuevo, el mundo de las dinámicas sociales no es justo.

Una serpiente viene en 2 formas:

1.   Serpiente por un tiempo.

2.   Se convirtió en una serpiente a través de los celos.

La parte 1 trata del tipo de personas que siempre han sido una serpiente. No han tenido honor en la mayoría de sus relaciones. Estas personas son los reyes de las puñaladas por la espalda.

La parte 2 trata de las personas que te cambian. Esto sí que te duele en el alma. Probablemente te han visto pasar por muchos momentos buenos y malos en tu vida.

Pero a medida que ibas subiendo de nivel, sus celos por ti aumentaban. No querían decir nada porque te veían como un amigo durante mucho tiempo. Pero sus celos se hicieron más y más fuertes antes de que empezaran a consumirlos. Muchos usarían sus celos para identificar lo que les hace sentir celos y perseguir ese objetivo. Pero la serpiente En su lugar, deciden apuñalarte por la espalda.

Que te muerda una serpiente nunca es fácil, lo entiendo. He tenido que lidiar con mi parte justa de serpientes desde que comencé mi viaje.

Pero una vez que alguien te muestra sus verdaderos colores, no intentas volver a pintarlos.

Una forma de equivocarse es dar demasiadas segundas oportunidades. Hay que ser selectivo con las segundas oportunidades, si no, te van a morder a diestro y siniestro.

¿Existe un marco a seguir para dar segundas oportunidades?

Sí. Hay que saber distinguir entre error y malicia.

- Un error es cuando alguien no tiene mala intención hacia ti.

- La malicia es cuando alguien tiene mala intención hacia ti.

En el caso de los errores, está bien dar una segunda

oportunidad, pero no hay que exagerar. Si se trata de alguien que comete los mismos "errores" repetidos, entonces ya no es un error, es un comportamiento. Y asociarse con un mal comportamiento no es algo de lo que quieras rodearte en tu viaje de subida de nivel.

Con malicia, en mi opinión, no está bien dar segundas oportunidades. ¡Especialmente dar oportunidades de la noche a la mañana! Veo gente que perdona a un traidor al día siguiente, después de escuchar unas palabras dulces.

Pero hay que entender que los humanos no cambian de la noche a la mañana. La mayoría de las veces, la serpiente vuelve a ti con su mejor comportamiento esperando el perdón. Una vez que la perdonas, seguirá con su mejor comportamiento durante un cierto tiempo, hasta que vuelva a las andadas.

Ahora bien, entiendo que los seres humanos son criaturas llenas de matices. Creo que la gente es capaz de cambiar. Si alguien vuelve a tu vida después de un largo periodo de tiempo y realmente quieres darle otra oportunidad, entonces toma tu decisión basándote en tu propia vida. Sin embargo, sigue un consejo: **céntrate en las acciones por encima de sus palabras.**

No dejes que la mentalidad de los buenos tiempos se apodere de ti.

Las mordeduras de serpiente endurecerán tu piel. La traición nunca es divertida, pero te enseñará más lecciones de vida que un libro.

Extrae las lecciones de las experiencias y aplícalas en el futuro. Aprenderás a moverte con más fluidez en el mundo social.

Dejar de tomarse las cosas como algo personal

¿Cómo puedo dejar de tomarme las cosas tan a pecho?

Entendiendo que la gente no hace las cosas por ti. Hacen cosas por sí mismas.

Lo que sienten por ti está dictado por lo que sienten por ellos mismos. Comprender esto te ayuda enormemente en la vida.

Ahora vas a ser capaz de lidiar con 2 de los mayores desafíos de la vida.

1. La crítica

2. Rechazo

Estas son 2 partes de la vida con las que tienes que ser capaz de lidiar.

Si estás subiendo de nivel, lo vas a ver más que nunca. ¿Qué pasa si decido seguir siendo un perdedor?

No importa homie. Serás criticado y rechazado por ser un perdedor.

¿Estás diciendo que no soy la única persona en el mundo que es criticada y rechazada?

Correcto. Todos los seres humanos del planeta también pasan por ello. Pero hay una trampa.

¿Y cuál es?

El rechazo y la crítica forman 2 grupos:

1.Los perdedores: la energía se agota, la autoestima se resiente y suelen abandonar.

2.Ganadores: la energía no se ve afectada, la autoestima no se ve afectada y continúan.

Yo pasé muchos años como perdedor. Y muchos otros empiezan también como perdedores. Sin embargo, después de mucho tiempo, el perdedor se encuentra con una bifurcación en el camino.

-Seguir siendo un perdedor o tomar el camino de un ganador.

Todo esto se relaciona con el concepto inicial de no tomarse las cosas como algo personal. Una vez que se aprende el arte de no tomarse las cosas como algo personal, tomar el camino de un ganador se convierte en una decisión fácil. ¿Por qué seguir siendo un perdedor cuando la mayoría de los miedos están inventados en tu cabeza?

La transición mental no es fácil en absoluto. Pero merece la pena. El rechazo y las críticas NUNCA desaparecerán. Entrena tu mundo interno para superar cualquier piedra que el mundo externo te lance.

Cuantos más objetivos taches de tu lista, menos te afectarán las opiniones o comentarios del mundo exterior. Sigue avanzando y mantén la vista en el objetivo en todo momento. Solo eres responsable de tus acciones, no de las percepciones de los demás.

A partir de ahora, empieza a ver el rechazo y las críticas como un entrenamiento para tu mundo interior.

Vuelve a la mesa de dibujo.

Convierte la sensibilidad en una brújula

¿Por qué me ha ofendido esa persona?

Pregunta equivocada. En su lugar, pregúntate "¿por qué he permitido que me moleste?

Obtendrás más información sobre tu mundo interno si te haces la segunda pregunta

¿Por qué obtengo más información con la segunda pregunta?

Porque ahora vuelves a centrarte en ti mismo.Hay una razón por la que te estás ofendiendo y es el momento de descubrir por qué. Déjame preguntarte algo...

Si yo te llamara extraterrestre como un insulto, ¿te ofenderías?

No.

¿Por qué?

"Porque sé que no es cierto".

Entonces, ¿por qué te ofendes cuando alguien te llama perdedor?
"Uh..."

Exactamente.

Te ofendes porque a veces tienes dudas sobre ti mismo. Tal vez no frente a otras personas, pero sí durante tu tiempo a solas. Por eso, que te llamen perdedor te molesta.

La segunda pregunta te obliga a aceptar tus inseguridades. Por eso deberías ver las ofensas como señales de introspección y no como una oportunidad para arremeter.

La agresión es fácil, y por eso la mayoría de la gente lo hace. Afrontar ciertas inseguridades es jodidamente difícil, y por eso la mayoría de la gente huye de ello. Pero, ¿adivina qué?

Tienes que hacerte inmune a las palabras de los demás. Si sabes que no es cierto, deja que piensen lo que quieran. Y si sabes de forma discreta que hay algo de verdad en sus duras palabras, entonces muestra el valor de afrontar esa verdad. Pero con un berrinche no se consigue nada.

Recuerda el famoso mantra del saltamontes:

"Cuanto más gruesa sea la piel, menos estrés".

La próxima vez que te sientas ofendido, ¡siéntete menos enfadado y más curioso! Garantiza que este pequeño giro mental alterará tu realidad.

Tú, amigo mío, has convertido una situación negativa en una gran oportunidad de crecimiento.

Juega al ajedrez mientras ellos juegan al tres en raya

Aprende el arte de darse cuenta y no ser vocal al respecto. Así es como se mueven las personas que ven el juego 10 pasos por delante. Entienden que no todo requiere una respuesta. El silencio estratégico es mortal. Este grupo se da cuenta, hace los ajustes necesarios y se mantiene en movimiento.

"¿Tienes algún ejemplo de cuándo se utilizan los silencios estratégicos?

Al detectar las intenciones humanas.

Todos los seres humanos tienen una intención. Sus intenciones para sí mismos son muy claras. Quieren lo mejor para ellos mismos. ¿Pero contigo? Ahí es donde sus intenciones se vuelven confusas.

Sus intenciones caen en una de las 3 categorías:

-Son indiferentes hacia ti.

-Quieren lo mejor para ti.

-Quieren lo peor para ti.

¿Por qué es importante utilizar silencios estratégicos para detectar las intenciones humanas?

Porque una vez que son conscientes de que les estás observando, se comportarán de la mejor manera posible. Incluso si ese comportamiento es falso.

Por eso, el silencio te permite darte cuenta de sus acciones básicas hacia ti. Esas acciones de base dan una idea del mundo interno de la persona.

"¡Espera! ¿La gente sabe cuando les estoy mintiendo?"

Muchas veces, las personas socialmente inteligentes son capaces de darse cuenta. Tienen una gran conexión con su instinto y dominan el lenguaje corporal. Pero deciden no decir nada.

Quieren ver lo creativo que eres con tu mentira. Quieren ver por qué mientes en primer lugar. Están reuniendo más datos sobre tus intenciones. Así que permanecen en silencio y te dejan hablar en ....

Una vez que tienen sus datos, saben cómo planificar sus próximos movimientos.

¿Por qué no se enfrentan a mí?

¿Por qué deberían hacerlo? ¿Para que puedan mentir más? ¡Ja! No tienen ese tiempo para una comadreja.

Pero éste es solo uno de los muchos usos de un "silencio estratégico". Es cuando un humano sopesa los pros y los contras de una situación, y luego decide si las palabras son necesarias. Si no es así, se aprovecha el silencio.

Prueba este movimiento mientras filtras tu círculo social.

Ve el juego 10 pasos por delante.

Juega al ajedrez mientras ellos juegan al tres en raya.

Ser socialmente dinámico

Esperamos que en este capítulo hayas obtenido una comprensión más clara de cómo utilizar los vínculos sociales para ayudarte en tu viaje de subida de nivel. Los humanos pueden servir como vehículo de crecimiento o como ancla mientras intentas convertirte en tu mejor yo. Por eso es crucial que entiendas la naturaleza humana y hagas tus movimientos con sabiduría.

Aprenderás mucho más de tus principios personales de dinámica social a medida que continúes en tu viaje. Al ser como el agua en el mundo real, eres capaz de ver qué humanos son activos sociales y cuáles son pasivos sociales. Al ser capaz de distinguir entre los dos, serás capaz de disparar tu felicidad, confianza y crecimiento a lo largo del camino.

La vida es mucho mejor cuando tienes buenas personas a tu alrededor con las que construir recuerdos. Trata de ser siempre social y utiliza tu juicio para asegurarte de que atraes a los ganadores y repeles a los perdedores.

Con el tiempo, dejarás de ser rígido y podrás adaptarte como una superestrella social. Pasarás de ser un cubito de hielo a ser agua. Hasta entonces, sigue saliendo a la calle y sé social.

PARTE 8:

Crear un legado

Si lo escribes

pronto te convertirás en él.

Solo observa.

Escribe en un diario en qué quieres convertirte

cada día de tu vida.

Oblígate a subir de nivel cada día.

Observa cómo te conviertes en una leyenda.

¿Qué es un legado?

Entender que la grandeza tiene un precio.

"¿Cómo?"

Como:

Dinero quemado

Noches sin dormir

Relaciones fallidas

Eventos sociales perdidos

Aparecer incluso cuando no te apetece

Dudas interminables sobre ti mismo

Un sinfín de enemigos

Pero aún así te levantarás. ¿Preparado?

"Absolutamente. Vamos a por ello".

Cuando se lucha por un legado, se lucha por algo más grande que uno mismo. Cualquiera puede alcanzar metas. La pregunta es: ¿qué tipo de objetivos estás alcanzando?

Por eso la mentalidad orientada a subir de nivel te obliga a pensar en términos de estatus de leyenda o de fracaso. El objetivo de crear un legado te obliga a aventurarte más allá de tu zona de confort y a tratar de descubrir un lado diferente de ti. El lado que encierra la grandeza.

Convertirse en una leyenda es algo que a menudo se malinterpreta. Se considera un objetivo inalcanzable por lo intimidante que suena la palabra. Pero si lo desglosas, es absolutamente posible.

Una leyenda es un icono en un campo concreto.

Ser un icono en un campo concreto es posible cuando eres capaz de tener una estrella del norte en tu vida.

Recuerdo que hace unos meses estaba con unos amigos que acababan de empezar un negocio de consultoría. Y en la discusión, surgió el nombre de Sam Ovens.

Tan pronto como lo hizo, un grupo de personas en el grupo estaban hablando de cómo él es una leyenda. Cómo sus conceptos han cambiado toda su vida y su mentalidad. No podían dejar de hablar del tal Sam Ovens. Dijeron que Sam será considerado para siempre como una leyenda a sus ojos.

Esa conversación acabó despertando mi curiosidad. Decidí investigar un poco sobre Sam Ovens. ¿Quién era y por qué provocaba una reacción tan fuerte en mis amigos?

Lo busqué en Google y finalmente me topé con su canal de YouTube. El tipo solo tenía 29 años. ¿Cómo es posible que se le considere una leyenda?

Pero profundicé en su contenido y me di cuenta de un patrón subyacente. Este hombre estaba dotado. No perdía el tiempo hablando de tonterías en sus vídeos. Él dio la mentalidad procesable, negocio en línea y consejos de consultoría. Después de ver 3 de sus videos, puedo decir con confianza que él cambió mi mentalidad hacia el dinero.

Al día siguiente, me acerqué a mi primo que acababa de empezar un negocio de comercio electrónico y le pregunté si sabía quién era Sam Ovens. Mi primo no tenía ni idea de quién era Sam ni de lo que hacía.

Y en ese momento, ¡todo encajó! Sam Ovens era una leyenda para un grupo concreto, no para todo el mundo. ¿Por qué? Porque había mejorado la vida de un determinado grupo de personas en este planeta con sus habilidades.

Creó una estrella del norte para su vida, se embarcó en un viaje para perseguirla, se convirtió en una versión más grande de sí mismo, y luego decidió devolver. Así es como nace una leyenda.

No es necesario apelar a todo el mundo. Porque si intentas atraer a todo el mundo, no atraerás a nadie. Tu objetivo es perseguir tu estrella del norte, convertirte en la mejor versión de ti mismo y luego devolver a la gente que persigue cosas similares a las tuyas.

Cuando luchas por un legado, tus esfuerzos no solo te afectan a ti, sino a tus futuras generaciones, padres, amigos y mucho más.

En eso consiste subir de nivel. Si no persigues un legado, alcanzarás un techo y empezarás a estancarte.

¿Pero cuando persigas un legado?

Te convertirás en inmortal.

La bombilla, el teléfono, la televisión y el avión

¿Has pensado alguna vez en muchos de los inventos que están presentes en el mundo actual? La bombilla, el teléfono, la televisión y el avión son algunos de los que me vienen a la mente.

¿Qué es exactamente lo que llevó a la gente a crear estos aparatos? Estoy seguro de que sus compañeros debían considerarlos locos cuando se desvivían por construir estas herramientas. Usemos el avión como ejemplo.

¿Cómo crees que fue la conversación? "Hola chicos, mi hermano y yo vamos a crear un vehículo que vuele por el cielo. Deséanos suerte".

Estoy bastante seguro de que todo el mundo miraba a los hermanos Wright como si tuvieran 4 cabezas y algo más. ¿Qué les hizo continuar?

¿Por qué optaron por construir este aparato cuando se consideraba imposible?

Por una razón principal: la imaginación.

Vieron algo que nadie más podía ver. Cada uno de los inventores de los dispositivos que he mencionado anteriormente vio algo que estaba fuera del alcance de la sociedad. Mientras la sociedad veía los puntos, estos inventores veían la imagen

Aunque la sociedad debió verlos como unos locos, los inventores debieron verse a sí mismos como algo más.

Han pasado años desde que se diseñaron sus inventos. ¿Y de quiénes hablamos ahora, de los detractores o de los creadores?

Hablamos de los creadores porque hicieron uso de su imaginación. Fueron ellos los que mostraron agallas y convirtieron lo imposible en posible.

Increíble.

¿Será que la imaginación es una de las piezas del puzzle que falta para la grandeza? A juzgar por estos inventores e inventos, parece que sí. Pero profundicemos en el cerebro para analizar la importancia de la imaginación. Continúa...

El cerebro izquierdo y el cerebro derecho para crear un legado

Tienes un lado lógico y un lado creativo. Tu lado creativo está arraigado dentro de ti y tu lado lógico es enseñado.

Demos un paseo por el carril de la memoria. Cuando eras niño, ¿qué tipo de persona eras, imaginativa o lógica?

"Imaginativa".

¿Alguien te enseñó a imaginar?

"No, simplemente sucedió en piloto automático".

Exactamente. No veías figuras de acción. Veías personajes reales gracias a tu imaginación que daba vida a lo inanimado. ¿Cuándo empezó a funcionar el lado lógico?

"Cuando crecí, fui a la escuela y empecé a acumular experiencias en la vida".

Exactamente. Lo aprendí con el tiempo.

Los dos lados de un ser humano son poderosos. Pero, desgraciadamente, muchos humanos solo aprovechan un lado. En el sistema escolar y en la sociedad, no se nos enseña a aprovechar nuestra creatividad interior. Más bien, nos machacan con una lógica incesante.

Se nos dice que aprendamos sobre temas que no nos interesan solo para que podamos pasar un examen para ver cuán lógicamente podemos aplicarlo. Y seguimos años y años así en el sistema escolar. ¿Qué empieza a suceder? Empezamos a pensar como robots y nuestra parte imaginativa pasa a un segundo plano.

Pero nunca se puede matar lo que está arraigado. Tu imaginación es una parte de ti al igual que tus emociones. Por eso, la imaginación no utilizada se convierte en otro tipo de monstruo.

Cuando solo piensas en términos de lógica, tu imaginación no utilizada empieza a emparejarse con el "sesgo de negatividad" para generar ansiedad.

El sesgo de negatividad es la tendencia natural de tu cerebro a dar más importancia a lo negativo que a lo positivo.

¿Te has preguntado alguna vez por qué tienes tantos pensamientos negativos planeando tus fracasos? Esos fracasos nunca han ocurrido, así que ¿cómo los ves con tanto detalle?

Eso es porque tu imaginación está trabajando. Tu imaginación te permite hacer contacto visual con lo imposible, bueno o malo.

- Cuando descuides el uso de tu imaginación, tendrás ansiedad.
- Cuando aprovechas tu imaginación, construirás un legado.

Cómo hacer que ambos cerebros trabajen juntos

No estoy tratando de vilipendiar la lógica, ni mucho menos. La lógica te va a ser muy útil en tu viaje. Sin embargo, no puedes ser la persona que SOLO utiliza la lógica. Eso te hará limitar tu pensamiento.

Lo que tienes que hacer es dirigir con creatividad y verificar con lógica. Piensa en los inventores de nuestra generación pasada. Todo lo que tenemos a nuestra disposición nació de una idea. Y esta idea fue luego ejecutada, afinada y creada.

- Utiliza tu cerebro derecho (lado imaginativo) para pensar en ideas innovadoras y multiplicar por 10 los objetivos que persigues.

- Utiliza tu cerebro izquierdo (lado lógico) para diseñar planes estructurados que den vida a esas ideas.

Eso no significa que no puedas hacer algo que ya está haciendo otra persona. Pero hazlo más grande y mejor. No vas a ser un profesional desde el principio, pero asegúrate de mantener tu cerebro pensando en grande en todo momento.

Ejemplo:

Error: Quiero ser el mejor escritor de mi ciudad.

Correcto: Quiero ser el mejor escritor del universo.

En el ejemplo incorrecto, estás pensando de forma demasiado lógica. En el ejemplo correcto, estás pensando de forma imaginativa. Y una vez que se involucra la imaginación, se involucran las emociones en el proceso. La mente subconsciente no es un ser lógico, es un ser emocional. Es la mente que dicta el 95% de tu realidad. Por eso necesitas la mente subconsciente a tu lado cuando persigues un legado. Piensa en grande.

Una vez que hayas pensado en grande y hayas identificado tus grandes objetivos, ¡divídelos! Al desglosar esos objetivos, ahora estás mente consciente para utilizar su lógica. La lógica te ayudará a definir los plazos, los planes y las rutinas que te ayudarán a alcanzar tu objetivo de alto nivel.

Con este método, estás utilizando tu cerebro derecho y tu cerebro izquierdo en armonía. Mientras todos tus compañeros están pensando de la forma más lógica posible, tú estás pensando en un ámbito mucho más amplio.

Así es como haces que ambos cerebros trabajen juntos para labrar tu propio y único camino hacia un legado.

Crónica de tu viaje de subida de nivel

El viaje de subida de nivel es el viaje del héroe moderno que se lee en los libros. Ya sabes, esos libros que dicen algo así como

1. Todo va bien para el personaje.

2. Algo sale mal.

3. El personaje intenta arreglarlo.

4. El personaje tiene éxito o fracasa.

5. Sale con una lección.

Obviamente, tu historia va a ser mucho más compleja y matizada que eso, pero esto es solo una idea aproximada. Cuando tienes la posibilidad de crear la historia de tu propia vida, empiezas a tener un punto de vista completamente diferente de la vida. Empiezas a verte como un héroe que tiene mucho más control. Ves tus conflictos como desafíos que serán conquistados. Ves a los miembros de tu tribu como personajes únicos que te ayudan en este viaje. Ves tu ubicación como escenarios que puedes elegir a voluntad.

Escucha, amigo mío, este es un viaje que necesita una crónica. Puede que veas la parte de la crónica como una pérdida de tiempo, pero escúchame.

Hacer una crónica de tu viaje hace varias cosas:

1. Puedes ver lo lejos que has llegado.
2. Te haces responsable de seguir avanzando.
3. Puedes liberar tu viaje para inspirar a personas de todo el mundo.

Tu vida es una gran historia si puedes verla así. La crónica de tu ascenso a la cima es la forma en que puedes ver una de las mayores historias jamás creadas.

Formas de relatar tu viaje

Por suerte, en el mundo actual hay una gran cantidad de métodos para relatar tu viaje de subida de nivel.

Puedes hacerlo de varias maneras:

1. Privado

2. Público

3. Ambos

1.**Privado** es cuando tienes que mantener tu viaje para ti mismo. Imagínate escribiendo un diario en tu tiempo libre.

2. **Público** es cuando haces una crónica de tu viaje al mundo, para que puedan estar al tanto de tu progreso y puedas formar una tribu en el camino.

3.**Ambas** es cuando implementas la 1 y la 2. Hay ciertas cosas que quieres mantener en privado, así que las apuntas en tu tiempo libre. Pero hay ciertas cosas que no te importa compartir, así que también dejas que el mundo se asome.

Métodos para hacer una crónica

1. **Diario**: escribes sobre tu pasado, presente y futuro.

    a) Twitter.

    b) Blog.

    c) Documento de Word.

    d) Diario físico.

2. **Diario de audio** - Habla de tu pasado, presente y futuro.

    a) Audacity + Micrófono USB. Este método te permite crear   un podcast.

    b) Grabadora de voz en tu teléfono.

3. **Video Journal** - Grabas sobre tu pasado, presente y futuro.

    a) Canal de YouTube.

    b) Diarios de vídeo en tu ordenador portátil.

Sea cual sea el método que elijas, procura hacerlo. Grabar el viaje mientras se desarrolla es una historia que nunca conseguirás en una película. ¿Por qué? Porque lo estás viviendo por ti mismo. Tener tu historia escrita hará que sea mucho más satisfactoria cuando te acerques a tu estrella del norte.

¿Lo mejor de todo? Que un día podrás transmitirla a tu futura generación para que vean cómo te has convertido en una leyenda.

Es muy bonito.

Reflexiones finales sobre el viaje orientado a subir de nivel

Cuando compras un libro, ¿qué haces?

"Lo lees desde el principio".

¿Por qué no el final?

"Porque necesito recorrer el camino para llegar al final".

Exactamente. Lo mismo ocurre con la vida. El final llegará un día. Pero primero, debes atravesar el viaje.

La mentalidad de subir de nivel ayudará a mucha gente a dar sentido a sus vidas. Se trata de un marco mental estructurado que optimizará tu felicidad y te retará a aventurarte más allá de tu zona de confort.

Mientras subes de nivel, asegúrate de tomarlo día a día y de disfrutar del proceso. Tenemos tanta prisa por hacer todo y acabar con todo, que rara vez disfrutamos del día a día. Pero concéntrate en asegurarte de que te tomas el tiempo necesario para disfrutar del viaje orientado a subir de nivel.

Estás tomando un camino en la vida que mucha gente tiene demasiado miedo de tomar o no es consciente de ello. Considera esto como un rito de paso para convertirte en tu mejor yo.

En tu viaje, sentirás muchas emociones oscuras,

recibirás muchos fracasos y lidiarás con muchas críticas. Sin embargo, también aprenderás mucho sobre ti mismo, destrozarás un objetivo a la vez y conocerás a varias personas geniales por el camino. A medida que pase el tiempo, verás que es un momento mágico cuando solo compites contra ti mismo e ignoras competir contra el mundo.

En ese momento, te darás cuenta de que tú eras tu única competencia, tu crítico más duro y tu mejor amigo todo el tiempo. Es hora de que empieces a perseguir tu estrella del norte y a subir de nivel para convertirte en tu mejor yo. Esta es una decisión que iniciará para siempre el capítulo 1 de la mejor historia de la historia.

Buena suerte, amigo mío.

Disfruta de tu viaje orientado a subir de nivel.

Bonus Parte 1:

Leyes y lecciones de la vida

Mis lecciones personales de la vida

En esta sección adicional, he escrito muchas de las lecciones que he aprendido a lo largo de mi viaje. Son lecciones que aprendí por las malas. Echa un vistazo y mira cuáles puedes aplicar a tu historia también. Aunque persigamos una estrella del norte diferente, te sorprenderá la cantidad de cosas con las que podrás relacionarte.

Utiliza las lecciones que son aplicables a tu vida y úsalas para aclarar tu mentalidad.

La Trinidad

-Haz que tu carácter sea tan caro que no se pueda comprar.

-Haz que tu tiempo sea tan escaso que nunca se desperdicie.

-Haz que tu moneda emocional sea el dinero que nunca gastas en personas de bajo valor.

1. Carácter caro A lo largo de tu vida: se te presentarán muchas tentaciones. Muchas veces, cederás. Sucede, somos humanos. Pero utilízalo como lección para no repetir el mismo error en el futuro. Protege tu carácter con tu vida. No te defraudes a ti mismo.

2. Tiempo escaso: Ten siempre mentalidad de escasez con el tiempo. "Cada segundo que pierdes es un segundo que nunca recuperas". Una vez que entiendas realmente este concepto, empezarás a sacar el máximo provecho de tu vida. Usa tu tiempo sabiamente, o lamenta tu error de juicio más adelante en la vida

3. Moneda emocional: A medida que envejece, empezará a pensar en términos de energía. Recompensa a las personas que se ajustan a tu energía con tu moneda emocional. Si son de una longitud de onda diferente, no les des nada. No permitas que un odioso, una serpiente o un racista obtenga una reacción de ti.

Leyes de la vida Parte 1.

Si te enfada, te controla.

Si te duele, te endurece.

Si te asusta, te enseña.

Si te empodera, te alimenta.

Si te agota, te envenena.

☆Si te enfada, te controla.

Tú estás a cargo de tus emociones. Tienes la llave. Pero cuando le das la llave a otra persona, entonces has perdido el poder. Has perdido el control. Sé mejor. Mantén la llave con la vida.

☆ Si te duele, te endurece.

Un mar suave nunca hizo a un marinero hábil. Te van a apuñalar por la espalda, te van a mentir, te van a manipular, te van a dejar, etc. Pero no dejes que el dolor temporal te detenga. La introspección conduce a la curación del dolor. Dolor curado = Dureza mental

☆ Si te asusta, te enseña.

El miedo es una brújula. Si tienes miedo de algo, entonces te está enseñando más sobre ti mismo. Significa que debes hacerlo. No es necesario superar el miedo de la noche a la mañana. Más bien, hazlo con el tiempo.

☆ Si te empodera, te alimenta.

Haz algo que te haga sentir vivo. Acércate a personas que te hagan sentir vivo. Tu cuerpo guarda muchas de tus respuestas. ¡Sintoniza con él! Siente la energía. Encuentra lo que te empodera.

☆ Si te drena, te envenena.

Deja de discutir tanto. Deja de dar segundas oportunidades a las serpientes. Y silencia a los que odian. Consigue canalizar tu enfoque en lo que deseas. No lo malgastes ahora en veneno. Sé más calculador con tus movimientos.

Las leyes de la vida te permiten mantener el rumbo. Te permiten añadir claridad a la ambigüedad. La claridad te permite elegir tu dirección. ¿Avanzar o retroceder?

La elección es tuya.

El poder de viajar

Viajar es primordial. Por eso te sientes tan renovado después de visitar un lugar en el que nunca has estado. ¿Crees que nuestros ancestros primitivos estaban encerrados en sus casas todo el día? No. Exploraban. Haz lo mismo. Recorre el mundo un lugar a la vez.

Es muy fácil quedar atrapado en el viaje de subida de nivel que empiezas a olvidar otras facetas de tu vida. Una de las principales facetas es viajar.

El poder de los viajes va más allá de los tópicos tradicionales que se escuchan sobre cómo es un excelente vehículo para desconectar. Me atrevería a decir que es un acto primario. Está en nuestra esencia querer viajar y estar donde nunca hemos ido.

La mayoría de las personas que inician un negocio o un negocio secundario no lo hacen simplemente por el dinero. Lo hacen por la libertad. Y junto con la libertad viene el deseo de explorar.

Pregúntate cuál fue el último lugar que visitaste? Si no lo recuerdas, es posible que estés demasiado atrapado en la vida laboral.

Recomiendo encarecidamente que si eres alguien que está pasando por un momento emocional oscuro o si eres alguien que se ha sentido fuera de sí últimamente, ¡sal y viaja a algún lugar nuevo! Y cuando viajes, no te quedes encerrado en la habitación del hotel todo el día. Esfuérzate por salir, probar nuevas cocinas y hacer turismo.

Haz un esfuerzo por visitar al menos un lugar nuevo cada año.

Difícil, pero factible.

Leyes de la vida Parte 2.

☆ Cuando estés enfadado, toma distancia.

Responde, no reacciones. A menudo, en un momento de acaloramiento dirás algunas cosas que desearías poder retirar. Ahórrate la molestia. Distánciate, enfríate y sigue adelante.

☆ Cuando te aburras, aprende.

Estás viviendo en la época más avanzada de la civilización humana. No hay tiempo para aburrirse. Si no tienes nada que hacer, abre un libro. Sigue tus curiosidades.

☆ Cuando estés ansioso, haz.

Ansiedad = Pensar demasiado y hacer poco. Si te sientes ansioso, levántate y ponte en marcha. Observa cómo la energía nerviosa se convierte en combustible productivo muy rápidamente.

☆Cuando estés triste, haz introspección.

La tristeza es una poderosa emoción humana que provoca el crecimiento. Aprovecha tus momentos de tristeza como una oportunidad para mirar hacia dentro. Haz una introspección. Aprenderás más sobre ti mismo en la oscuridad que en la luz. Sepa esto.

☆ **Cuando falles, analiza.**

A menos que quieras seguir cometiendo los mismos errores una y otra vez, entonces debes analizar. Aprende de lo que hiciste mal para que puedas empezar a hacerlo bien.

☆ **Cuando ganes, gana más.**

Ganar no debe permitirte conformarte. Ganar debe alimentar tu ambición de ganar más. Agradece los logros que has acumulado. Pero mantén la mirada hacia adelante. Todavía tienes más gloria que perseguir.

2 maneras de enfrentarse a la crisis

Cuando la vida te da una patada en el culo, hay 2 cosas que no te juzgarán:

-las pesas

-tu lápiz y tu papel

Ir al gimnasio y escribir te ayudará a sanar tu mente, emociones y espíritu.

¿Me estás diciendo que si ahora mismo estoy pasando por el peor momento, estos 2 actos me ayudarán?

Sí.

¿Tienes idea de por qué estos actos son tan efectivos?
Sí, déjame explicarte para que puedas hacer los actos con total confianza y consistencia

Cuando estás en la confusión, pasarás mucho tiempo en tu cabeza. Pero pasar demasiado tiempo en tu cabeza te autodestruirá, especialmente cuando estés tocando fondo.

Por eso tienes que hacer dos cosas:
1. Un acto que te traiga al presente.

2. Un acto que te permita dar sentido a tu confusión

interior.

1. Las pesas te traen al presente. Las pesas pesadas que desafían tu fuerza te harán pasar de:

-sin atención -> modo de atención plena

Además, después de tu sesión, tu cerebro liberará endorfinas, haciéndote sentir mejor.

2. El lápiz y el papel te permiten dar sentido a la agitación interna. No importa si eres un buen escritor o no. Solo escribe. Nadie te está mirando. Cuanto más escribas, más claridad podrás aportar a la montaña rusa de emociones. Es altamente terapéutico cuando te metes en el flujo.

Estos dos actos acelerarán tu recuperación. Pero lo más importante es que te ayudarán a renacer.

¿Renacer? ¿De qué estás hablando?

Tú, amigo mío, estás USANDO tu dolor. En el mundo de los niveles, usamos el dolor para producir. NO dejamos que el dolor nos obligue a ir en una espiral descendente.

Hay muchas cosas en esta vida que te mentirán. ¿Pero las pesas + el papel y el lápiz? Siempre dirán la verdad. Estos 2 ejercicios te llevarán a un último efecto secundario. Un efecto secundario que cambiará tu vida para siempre. Te convertirás en el mejor amigo de ti mismo. Y convertirse en el mejor amigo de uno mismo = verdadera confianza.

Ahora comienza.

Solo tú serás capaz de salir del fondo. Una vez que te saques de las profundidades del infierno, te darás cuenta de lo poderoso que eras todo el tiempo.

Combinación de pesas + lápiz y papel = cambio de vida
No pierdas la oportunidad de utilizar tu dolor como combustible.

Buena suerte.

Leyes de la vida Parte 3.

Inmaduro = las emociones superan a la mente.

Maduro = la mente supera a las emociones.

Socialmente poco inteligente = habla más que escucha.

Socialmente inteligente = escucha más que habla
.

Engreído = se preocupa por caer bien.

Seguro de sí mismo = no se preocupa por caer bien.

La mentalidad de abundancia de tiempo te hará ser perezoso.

La mentalidad de escasez con respecto a la gente hará que seas un necesitado.

La mentalidad de escasez hacia el tiempo te hará ser impulsivo.

La mentalidad de abundancia hacia la gente te hará ser audaz.

Aprende a disculparte sin justificarte.

Aprende a rechazar eventos sin disculparte.

Aprende a discrepar sin enemistarte.

Aprende a criticar sin odiar.

Aprende a empatizar sin mimar.

Las 27 lecciones

Con motivo de mi 27º cumpleaños, me gustaría compartir 27 lecciones que he aprendido en mi viaje. Muchas de estas lecciones las he aprendido a las malas. Pero más vale tarde que nunca. Empecemos.

1.Persigue las experiencias por encima de las posesiones materiales.

2.Encontrar un propósito de vida hará que tu vida deje de ser aterradora y aburrida
-> divertida y desafiante.

3.Ten más compasión hacia los demás. Muchas personas están librando una batalla silenciosa de la que quizá no tengas ni idea.

4.Aprende las habilidades duras, luego sube de nivel a las habilidades blandas cuando estés preparado.

5.La persona que te rompió el corazón te hizo un gran favor. Algunas de las lecciones de vida más valiosas se encuentran detrás de un desamor.

6.La lealtad es escasa en el mundo superficial de hoy. Las serpientes son abundantes.

7.Comprende que a medida que te haces mayor, también lo hacen tus padres. Dales más atención y amor.

8.Un círculo pequeño y bien vetado que te apoye es mejor que un círculo grande que traiga drama.

9.La meditación y los diarios te conectan con tu universo interno.

10.Cuida tu cuerpo haciendo ejercicio, comiendo bien y haciendo yoga.

11.No te dejes llevar por el trabajo hasta el punto de descuidar a tus seres queridos.

12.Cualquiera es propenso a cambiarse por ti. Por lo tanto, debes aprender a convertirte en tu mejor amigo. Siempre cuida su espalda.

13.Tienes que sentirte muy perdido en la vida antes de que las cosas empiecen a encajar.

14.Cuando aprendas una nueva habilidad, practícala lentamente. Necesitas hacerlo de forma consciente antes de poder hacerlo sin pensar.

15.Llama a la gente más a menudo para ponerte al día.

16.Una vez que hayas alcanzado el listón que te has fijado, súbelo aún más y vuelve a alcanzarlo. Hazlo siempre.

17.Dominar tus emociones es el verdadero signo de inteligencia. No una prueba hecha por el hombre.

18.Mira más entrevistas de figuras legendarias. Escucha sus proyectos.

19.Perdona y recuerda. Perdona para poder seguir adelante. Recuerda para no volver a caer en la misma trampa.

20.Debatir es una pérdida de tiempo si quieres perseguir un legado.

21.No devuelvas los ataques a quienes te odian, en su lugar, DOMINA el arte de ignorar.

22.A menudo hace falta perder una vida para apreciar realmente el valor de una vida. Pero no dejes que este sea el caso. Muestra amor a los seres queridos.

23.Sé más egoísta e invierte en ti mismo, para que un día puedas ser desinteresado y devolver.

24.Abraza tu dolor & utilízalo para alimentar la ambición.

25.Siempre saca tiempo para viajar y probar nuevas cocinas.

26.Los milagros son posibles para todos. Solo hay que ser constante el tiempo suficiente.

27.Nunca es demasiado tarde para dar un giro a tu vida para mejor. Estás a unos cuantos buenos hábitos de renacer.

Alfabeto de la vida

Mi alfabeto del éxito:

Ambición

Audacia

Carisma

Confiable

Empático

Fallas

Destreza

Honor

Intelecto

Viaje

Bondad

Pérdidas

Misión

Nutrición

Oportunidades

Paciencia

Calidad

Resistente

Soledad

Trabajo en equipo

Único

Victoria

Sana

Factor X

Anhelo

Zen

Alfabeto del fracaso

Promedio

Traidor

Cobarde

Irrespetuoso

Egoísta

Temeroso

Malhumorado

Hipócrita

Impaciente

Celoso

Aguafiestas

Perezoso

Desordenado

Negligente

Odioso

Procrastinador

Renunciante

Racista

Testarudo

Basura

Infeliz

Mentalidad de víctima

Llorón

Xenófobo

Yeller

Mentalidad de zombi

6 meses = Número mágico

Si estás pasando por un momento difícil en este momento, te digo Solo 6 meses.

Eso es todo lo que se necesita para dar un giro masivo a tu vida para siempre.

Hablo por experiencia.

La vida no tiene que ser así para ti.

Durante 6 meses, invierte en ti mismo.

Comienza hoy.

De acuerdo, estoy dispuesto a aceptar este reto. Pero hermano, voy a ser honesto. No estoy muy seguro de lo que significa invertir en mí mismo".

Entendido, te explicaré mi viaje y puede que saques algunas ideas de ello. Comencemos.

1. Corta con la gente tóxica: Te conviertes en la energía con la que te rodeas. Si quieres empezar este viaje de 6 meses, necesitas distanciarte de la gente que no te está ayudando a crecer.

2. Cuida tu cuerpo: Haz una prioridad ir al gimnasio, hacer yoga y jugar al básquet.

-Gimnasio para el entrenamiento de fuerza.
-El yoga para la flexibilidad y la claridad mental.
-Baloncesto para divertirse y hacer cardio.
Tu cuerpo influye en tu mentalidad, así que asegúrate de cuidarlo.

3. Cuida tu cuerpo parte 2.

¿Hay más? Sí.
-Come sano. Aprende a cocinar.
-Mantente hidratado.
-Duerme bien.

4. Mentalidad: Hice lo siguiente para mantener mi mente aguda.

-Meditación
-Diario (para organizar mis pensamientos).
-Visualización con música de fondo (imagina tu mejor yo y visualízalo)
 -Ejercicios de agradecimiento al levantarme y antes de acostarme.
-Consumo de contenido empoderador.

5. Claridad emocional y espiritual Utilicé estos 6 meses para conocerme mejor a mí misma. El objetivo principal era convertirme en mi mejor amiga. Hice una prioridad para conseguir mi tiempo a solas para llegar a conocer mi mundo interior y mi ser superior. Mucha reflexión e introspección.

6. A medida que me alejaba de las personas negativas y construía mi vida desde cero, ocurrió algo espectacular. Empecé a atraer a personas afines. Utilicé esta etapa para reconstruir mi equipo lleno de ganadores y emprendedores.

7. Modo de producción Esta es la oportunidad perfecta para pasar de ser un consumidor a un productor. Me dediqué a escribir historias, dar discursos y crear un negocio paralelo. Encuentra lo que funciona para ti.

8.Deje un mal hábito y coja un buen hábito Se explica por sí mismo, pero esto cambia la vida. Recuerda que tus hábitos dictan tu realidad, así que asegúrate de crear las vías neuronales adecuadas. Revisa tus hábitos, identifica los negativos y encuentra algo positivo para sustituirlos.

Para ser sincero, no tenía ni idea de que iba a hacer todo esto. Simplemente me tropecé con ellos cuando empecé mi viaje. Lo mejor que puedes hacer es lo mismo. Simplemente empieza y construirás tu propio camino a lo largo del mismo.

¿6 meses para cambiar tu vida PARA SIEMPRE? No hay duda.

Ahora entra en lo desconocido y vuelve más poderoso que nunca. La realidad nunca será la misma.

Hermoso.

Las claves para subir de nivel

Tu diario es tu terapeuta.

Tu mente es tu mentor.

Tu respiración es tu mando a distancia.

Tu conciencia es tu lupa.

Quiero repasar cada una de ellas. Y asegúrate de prestar mucha atención. Cada uno de ellos es una herramienta enorme para tu viaje orientado a subir de nivel.

-Tu diario es tu terapeuta.

El diario te cubrirá la espalda en las buenas y en las malas. No importa lo mal que se ponga la vida, tu diario te estabilizará. Por eso debes escribir en él a diario.

3 Maneras de escribir en el diario:

1.Habla de tu día.

2. Habla de tu futuro.

3. Dar sentido a un momento doloroso de la vida. Diario HACK de la Mente:

Si todavía te sientes rígido con tu escritura, prueba esto.

Imagina que tus diarios del presente se los pasarás un día a tus hijos. Escribe de manera que ellos puedan aprender de tus errores, experiencias y vida. Te sentirás más creativo.

A medida que pasen los días, escribir el diario se convertirá en tu terapia.

Lo notarás:

-Claridad

-Resistencia emocional

-Mente más fuerte

-Tu mente es tu mentor

Tu mente puede convertirse en tu mentor cuando la hackeas. ¿Cómo la hackeo? Creando un alter ego.

¿Cómo puedo crear un alter ego?

A través de tu imaginación. Esto es lo que debes hacer:

1. Imagina tu futuro yo ideal.

2. Aconseja a tu yo actual. Cuando hagas esto, desatarás un nuevo nivel de sabiduría. Nota: Es difícil antes de ser táctico.

Tu mente es lo que tú haces. Si crees que su poder es limitado, será limitado. Si crees que su poder es ilimitado, será ilimitado. Simple.

-Tu respiración es tu control remoto

Respiraciones rápidas y superficiales = Ansiedad

Respiraciones lentas y profundas = Paz

¿No lo ves? Tu respiración era el control remoto de tu vida todo el tiempo. Si te sientes demasiado ansioso, ANALIZA TU RESPIRACIÓN. Márcalo a tu antojo. Es la puerta de entrada a tu realidad. Nota: La meditación te da el poder de controlar tu respiración.

-Tu conciencia es tu lupa

Te conviertes en lo que enfocas. Te enfocas en lo que pones tu conciencia.

La conciencia es el superpoder invisible de tu mente. No puedes verla. No puedes tocarla. Pero está ahí.

Tu conciencia sirve como la lupa de tu vida.

1. Puedes usarla en ti mismo para identificar los defectos que se te pasan por alto.

2. Puedes usarla en ti mismo para destrozar creencias limitantes.

3. Puedes usarlo para detectar serpientes. Los poderes son infinitos.

¿Quieres saber qué es lo mejor de estos 4 elementos?

Te permiten subir de nivel desde dentro.

-Tu mundo interno crea tu mundo externo. Una vez que subes de nivel desde dentro, el mundo que te rodea empieza a cambiar. Empiezas a magnetizar mejores personas, oportunidades y un montón de abundancia.

Pero lo más importante es que te sientes CONFIDENTE.

"Yo tenía las herramientas todo el tiempo, ¿eh?"

Por supuesto que sí. ¡Ahora ve a utilizarlas!

Manifestarás tus deseos más salvajes.

Magia.

Bonus Parte 2

Códigos de trucos y trucos mentales

Código de trucos para una vida mejor

Dormir

Antes dormía a pierna suelta. Raspaba algunas horas al día. Mala jugada. Intenta dormir entre 7 y 8 horas. Lo entiendo, no es fácil en el ajetreado mundo actual. Pero haz un esfuerzo y tu producción y felicidad se dispararán.

Meditar

La meditación ha cambiado mi vida para siempre. Yo solía ser un payaso que pensaba demasiado. Pero una vez que empiezas a meditar de forma rutinaria, la vida se ralentiza, la concentración mejora, la felicidad mejora y la claridad mejora. Hazlo al menos 10 minutos al despertarte y 10 minutos antes de irte a dormir.

Llevar un diario

Llevar un diario es un factor de cambio. Puedes llevar un documento de Word o un diario físico. Simplemente escribe tus pensamientos y sentimientos. Además, si lo haces todos los días, mejorarás tus habilidades de escritura.

Visualiza

No visualizo como la mayoría de la gente en silencio. Si estoy visualizando, más vale que tenga música encendida.

De lo contrario, me parece un trabajo. Mi rutina de visualización me hace visualizar lo positivo Y lo negativo. Si es un escenario negativo también planifico mi levantamiento.

Hacer yoga

En serio, haz yoga. Y no, no es fácil como puedes pensar. El yoga te permite sincronizar tu mente, tu respiración y tu cuerpo. Es muy poderoso. Yo uso la rutina de yoga de p90x 3. Pero investiga algunas rutinas de YouTube y ve cuál te funciona mejor.

Conocimientos financieros

No se nace con conocimientos financieros. Doma tu ego y aprende de los libros, haz preguntas a las personas adecuadas y sé más curioso. Aprende este lenguaje por dentro y por fuera.

Tener aficiones

Una clave importante. La vida te va a dar muchas patadas en el culo, no te equivoques. Tus aficiones siempre te mantendrán con los pies en la tierra, incluso en los momentos oscuros. Ten un pasatiempo que te mantenga creativo, uno que te haga ganar dinero y uno que te mantenga en forma.

Toma el sol

No voy a empezar a darte todos estos conceptos sobre por qué el sol es bueno para ti. Solo sé que desde que salgo a caminar todos los días al aire libre, mi vida ha mejorado.

Anímate y pruébalo. Deja tu habitación oscura y tu sesión de Netflix y toma el sol.

Hacer ejercicio

Esto no solo es bueno para ti físicamente, sino también mentalmente. Para ser honesto, la dedicación constante a tu cuerpo es más mental que física. Ten una rutina de ejercicios y cúmplela.

Come sano

Guarda tus twinkies y fideos y lleva tu culo gordo a la cocina, amigo. Aprende a cocinar. No dependas de la comida rápida. Muchos ven la cocina como un "trabajo", pero no es así. Aprende algunos platos y te darás cuenta de que es divertido. Las recetas están por todas partes en Internet.

Bebe agua

Mantenerse hidratado es muy importante. Una hidratación adecuada te hará pensar con claridad y eficacia. Sin embargo, no te sobrehidrates. Beber demasiada agua es tan malo como no beber suficiente. Utiliza una calculadora de agua en línea para averiguar tu nivel óptimo.

Tenga un sistema de apoyo social

Tenga amigos y familiares con los que pueda contar. Somos criaturas sociales por naturaleza. Si no tienes un grupo, vete construyendo uno. La gente no va a irrumpir en tu casa pidiendo ser tu amigo. Saber cuándo hay que trabajar, saber cuándo hay que desconectar.

Saber cuándo descansar

La gente cree que trabajar siempre es una insignia de honor. No es cierto. Hay que descansar. De lo contrario, corres el riesgo de quemarte. No puedes hacer funcionar un motor sin problemas si siempre está en marcha. Aprende a mantener tu motor descansando inteligentemente.

Código de trucos para la disciplina:
Hacer ejercicio

Hacer ejercicio es una de las mejores maneras de incorporar la disciplina a tu vida. Hacer ejercicio te lleva a comer bien, a dormir bien y a estructurar tu día mucho mejor. Si no tienes ni idea de cómo ser disciplinado, empieza por ahí.

¿Qué tiene que ver levantar un montón de pesas con la disciplina?

Mucho. Hacer ejercicio es un truco de vida.

Es un truco de vida debido al efecto en cadena de los beneficios que obtienes de él. Si se activa la cadena, se desencadenará un esfuerzo disciplinado máximo hacia la vida.

En primer lugar, tienes que arreglar tu mentalidad hacia el gimnasio.

☆ Incorrecto: vas al gimnasio a ejercitar tu cuerpo.

☆ Correcto: vas al gimnasio para ejercitar tu mente y tus emociones, y un cuerpo mejorado es un efecto secundario.

Cuando te centras solo en el cuerpo, piensas a corto plazo.
Cuando te centras en la mente y las emociones, piensas

a largo plazo.

¿Qué es la disciplina? La disciplina es cuando tu mente es capaz de anular las emociones perturbadoras para seguir una rutina.

Por eso las personas disciplinadas no son criaturas caóticas.

La persona disciplinada sabe que puede sentir emociones perturbadoras sin tener que sucumbir a ellas. Tienen una estructura a la que recurrir siempre. La estructura permite que su mente y sus emociones estén en armonía.

La mente y las emociones en armonía conducen a:

☆Felicidad

☆Confianza

☆Productividad

Por eso es importante hacer ejercicio. Hacer ejercicio añade estructura a tu día. Las personas que cuidan de su cuerpo saben que el entrenamiento no termina en el gimnasio. El gimnasio es solo un rasguño de la superficie. También preparan sus comidas, evitan gastar esporádicamente en el exterior, hacen más deporte, duermen bien y todo eso.

Añadir una estructura a tu día te ayuda a identificar un montón de actividades b.s. en las que antes perdías el tiempo. Ahora tu vida se siente mucho más clarificada porque te has librado del ruido. Además, te sientes más sano y te ves mejor que nunca.

Las personas que piensan que hacer ejercicio es solo para el cuerpo son claramente principiantes. Pero las personas que llevan un tiempo haciéndolo, lo ven más como un entrenamiento para su mundo interno.

Si lo haces durante mucho tiempo, verás que es lo mismo. Hacer ejercicio es una de las formas más eficaces de incorporar la disciplina a tu vida. Añade disciplina a una parte y observa cómo se extiende positivamente a otras partes. Magia.

Código de trucos para hackear la sabiduría:

Ten mentores mayores.

No importa si están en el mismo nicho que tú o no.

Tu perspectiva te pondrá AÑOS por delante de tu tiempo.

Yo siempre tengo 5 mentores mayores y siempre estoy buscando más para que me tomen bajo su ala.

Sube de nivel en todo momento

Código de trucos para el enfado:

1.   Música de bombo y platillo

2.   Imagina situaciones en las que se te pone a prueba

3.   Imagínate afrontando los retos de todas formas

Este método te permite sentir las emociones exactas

Ahora, cuando ocurra algo malo en la vida real, las emociones perturbadoras no te desconcertarán

3 maneras de superar la procrastinación

1. Mentalidad- Cuando procrastinas, te estás centrando demasiado en las grandes tareas. Detente y dale la vuelta. Céntrate en las pequeñas tareas y ve aumentando.

Por ejemplo: en lugar de centrarte en terminar todo el blog, haz un párrafo. Extrañamente querrás completar otro párrafo...

2. Canción de exageración: ten una canción que te emocione. Prométete a ti mismo que después de poner la canción 2-3 veces, empezarás inmediatamente. Sin preguntas, simplemente empieza.

La canción aumenta tus emociones y te acercas a la tarea con energía.

3. Juego - Convierte las tareas mundanas en un juego utilizando tu creatividad. Si eres un jugador, divide las tareas en niveles y mata a cada jefe. Si te gusta la música, recompénsate con una canción después de completar cada tarea.

Reto: Intenta hacer algunas flexiones o dominadas después de cada objetivo tachado.

Truco mental: "Todavía"

Cualquier cosa que no tengas, pero que quieras, termínala siempre con "todavía".

-Todavía no soy millonario.

-Mi negocio no ha despegado todavía.

-Todavía no he alcanzado el cuerpo de mis sueños.

Este truco mantendrá tu mente en busca de soluciones. Recuerda:

-Las palabras influyen en los pensamientos.

-Los pensamientos influyen en las acciones.

Por lo tanto, la adición de la palabra "todavía" no termina su deseo. El "todavía" mantiene el pensamiento en modo de mente abierta.

Por ejemplo: "No soy un ingeniero". Esto comunica a tu mente primitiva que estás hecho-zo. Pero decir algo como "todavía no soy ingeniero" te permite mantener tu espíritu.

Tu espíritu impulsará tu entusiasmo. El entusiasmo es necesario para perseguir objetivos.

Así que, aunque no tengas todavía tu deseo, procura seguir pensando correctamente. Mantén tu mente en modo de crecimiento y observa cómo tus acciones cambian por completo. Un truco de vida muy poderoso y sencillo. Inténtalo con tu próximo deseo.

Truco mental: Sustituye "problema" por "reto".

Cuando dices que tienes un problema, tienes una sensación de derrota. Cuando dices que tienes un reto, te sientes más optimista para hacer algo al respecto.

Déjame aclararlo con una analogía de Dragon Ball Z.

En una de las temporadas, había un villano llamado Cell. El poder de Cell consistía en absorber a otras personas con su cola y chupar toda su energía. Cell elegía estratégicamente el poder que absorbía porque quería ser lo más fuerte posible.

La forma en que iba a conseguir el poder era absorbiendo a los personajes poderosos, no a los vagos. Ejemplo de personajes poderosos: Androide 17 y 18. Ejemplo de vagos: Krillin y Yamcha. ¿A quién crees que absorbió Célula?

A los poderosos.

Exactamente.

Pues el mismo concepto se aplica a sus palabras. No hay escasez de palabras en el diccionario. Por lo tanto, tienes muchas opciones. Tienes la prerrogativa de elegir palabras que tengan energía positiva o negativa. Depende completamente de ti. Solo tienes que saber algunas cosas.

1. Tus palabras tienen energía que alimenta o agota tu mente consciente.

2. Tu mente subconsciente lo escucha todo.

Empieza a tomar tus palabras más en serio y experimenta más. Observa qué palabras te hacen sentir limitado y cuáles te hacen sentir ilimitado.

Algunas recomendaciones:

-Sustituye "problemas" por "retos".

-Sustituye "si" por "cuando".

-Sustituye "tengo que" por "tengo que".

Éstas son solo 3 de las muchas que existen. Identifique hoy algunas de sus palabras débiles y vea cómo puede cambiar el guión. Te sorprenderá.

Tú eres el autor de tu historia. Es hora de responsabilizarte más de cómo se desarrolla tu vida. Tick tock. Ahora sigue escribiendo la mejor historia de la historia.

Truco mental: Días -> Oportunidades

Empieza a referirte a los "días" como "oportunidades".

Este cambio mental hace que te acerques a cada día con más optimismo.

El optimismo unido a un propósito claro es mortal. Notarás que tachas tus objetivos con más hambre y ánimo positivo.

Magia.

Truco mental:

Sustituye "tengo que" por "poder".

Ejemplo:

Incorrecto: Tengo que dar un discurso esta noche.

Correcto: Tengo que poder un discurso esta noche.

Este truco le da a tu mente vibraciones positivas y te hace esperar la tarea.

Truco mental: El entrenador

Entrénate a ti mismo.

Estudia cómo actuaban los entrenadores famosos.

Luego, sé tu propio entrenador de vida.

Construye tus experiencias e identifica tus fortalezas y debilidades en el proceso.

Este es un truco mental que puedes utilizar para aprender un nuevo conjunto de habilidades o simplemente para mejorar tu vida en general.

Truco de construcción de leyendas

Pon tu música favorita.

Ahora imagina la versión más grande de ti mismo.

***Más grande.Más grande, campeón, no te estás dando suficiente crédito.
Ahora hazlo aún más grande.***

¿Lo tienes?

Ahora persigue esa visión hasta que se haga realidad.

Confía en mí, lo hará.

Truco mental:
Fondo del teléfono

Cambia el fondo de tu teléfono o el del portátil por algo relacionado con tu objetivo. Ejemplo: si quieres convertirte en un escritor sólido, ten una imagen de un libro o algo así. Esta imagen debe hacerte sentir. Recuerda que las imágenes y los sentimientos hablan a tu mente subconsciente.

Tu mente subconsciente dicta el 95% de tu realidad? Tu mente subconsciente es la base de datos y tu mente consciente saca los datos de ahí. Por eso es crucial alimentar a tu mente subconsciente con datos que le den poder.

La mente subconsciente es como un niño pequeño. Le encanta ver imágenes que le hagan sentir. Tu mente subconsciente no puede distinguir entre lo que es imaginado y lo que es real.

Por eso la visualización es tan importante. Usas tu imaginación para alimentar imágenes a tu mente subconsciente. Una mente subconsciente cambiada es un cambio de vida. ¿Por qué? Porque ahora tu mente consciente está montando las olas del tsunami en lugar de nadar contra él.

Lo que se relaciona con el punto inicial, estás cambiando tus imágenes de fondo porque estás hablando directamente con la mente que dicta tu futuro. No te duermas con este truco. Cambiará tu vida.

Pero quiero que lo lleves un nivel más allá. Consigue también carteles. Así que ahora te despertarás y te acostarás mirando tu futuro. Busca imágenes que:

1. Se relacionen con tu objetivo.

2. Te hagan sentir. (¡Importante!)

Y ya puedes empezar.

Tienes más control de tu vida del que te has atribuido. Eres mucho más poderoso de lo que aún no te has dado cuenta. Ahora diseña el futuro que has estado imaginando todo el tiempo.

Truco mental: Edición de cumpleaños

Mi amigo de la universidad me dijo que había leído esta estrategia en un libro o cita: Cuando identifiques tu edad, utiliza "nivel" en lugar de "años". El nivel engaña a tu mente para que tenga una mentalidad de crecimiento. Soy nivel 27, cada año es un regalo, cada año es una oportunidad de subir de nivel.

Quiero ir un poco más allá. Voy a explicar por qué la terminología de los "años" es obsoleta y debería abandonarse. Lo creas o no, "años" es perjudicial a mis ojos. Hay que elegir bien las palabras. Por eso yo adoptaría el término "nivel".

Años de antigüedad

Esta terminología hace que uno tenga un poco de miedo a envejecer. "¡Oh, Dios mío, voy a cumplir 30 años! Piensas de forma demasiado física. Te ves a ti mismo como un producto envejecido. ¿Quién coño quiere verse así? Te hace pensar como si fueras un coche usado, que empeora con el tiempo.

Por eso la gente tiene miedo de envejecer. Creen que se están debilitando. Y para ser honesto, tu cuerpo está envejeciendo, no hay que luchar contra eso. ¿Pero qué pasa con tu mente? ¿Tu mente empeora con el tiempo o mejora? Si eres un triunfador, entonces está mejorando exponencialmente.

El nivel hace que tu mente vuelva a centrarse en ti. Ya no te ves como un coche usado que necesita un informe Carfax. En lugar de eso, empiezas a hacer un cambio de mentalidad para "envejecer como un buen vino". Ahora SABES que estás mejorando con el tiempo. Esperas con ansia los cumpleaños.

Has hackeado el sistema. Mientras todos los miembros de la sociedad utilizan el término "años" porque se lo han dicho, tú eres innovador. Los pequeños cambios mentales se suman como ninguno.

Adopta esta estrategia y tu vida empezará a cambiar.

"¿Así que no solo me emocionaré con los cumpleaños? ¿Hay otros efectos secundarios?"

Sí. El otro efecto secundario es que estás en modo de crecimiento todo el año. Quieres seguir elevando tu mente a nuevas alturas. Poder.

Recuerda esto. Tu mente es tu mejor amigo en esta vida. El que tenga la mente más fuerte siempre ganará. Empieza a ejercitar tu cerebro para que tu mentalidad se alinee con tus objetivos futuros.

Adopta la estrategia del "nivel" y ve a la conquista para crecer.

Sepárate del rebaño.

Truco de la vida: Ríete de tus errores

Dedica más tiempo a reírte de tus errores después de cometerlos.

Este pequeño truco hace que cambies tu percepción de los fracasos.

Pruébalo la próxima vez que vayas a adquirir una nueva habilidad.

Truco de confianza: Hablar en el espejo

1.Establece un contacto visual directo contigo mismo en el espejo.

2. Expresa tus pensamientos de poder en la existencia.

Cada día, 15 minutos, 2 meses.

Después de los 2 meses:

-Te sentirás más cómodo en tu propia piel y más seguro de ti mismo.

¿Puedes explicar por qué funciona este truco?

Claro, déjame explicarte el "por qué" para que el "qué" tenga mucho más sentido. Este es un truco que te cambiará la vida y te hará sentir más seguro que nunca. La confianza es tu arma número 1 en este mundo, así que intenta afinarla cada vez. Sigue leyendo:

El contacto visual directo con el espejo hace 2 cosas:

1.Te permite ejercitar tus habilidades de contacto visual.

2.Te permite ver tu aspecto cuando hablas.

Muchas personas creen que se ven feas cuando hablan. Esto se debe a la "ilusión de transparencia".

La ilusión de transparencia se produce cuando te sientes emocionalmente incómodo, por lo que crees que te hace parecer feo. Sientes que las emociones negativas se filtran al mundo exterior.

100% En tu cabeza. La táctica del espejo condiciona tu mente para dominar la ilusión de transparencia. ¿Resultados? Te sientes muy cómodo en tu propia piel.

Así que ahora te sientes más seguro de ti mismo y tus habilidades de contacto visual se han disparado.

Pero, ¿por qué las palabras empoderadoras? Reprogramación subconsciente, amigo mío. Por eso. Hay una forma determinada en la que quiero que hables para que sea la más efectiva para ti.

Sé detallado sobre tu futuro. Usa palabras que te hagan sentir algo. No puedes explicar lógicamente las cosas a tu mente subconsciente. Necesitas hackearlo con imágenes visuales y emociones. Por lo tanto, habla con pensamientos poderosos que te hagan sentirte poderoso. Aclara y repite.

Sigue haciendo esta estrategia del espejo y te encontrarás transformándote en una nueva persona. Me funcionó a mí y a algunos de los chicos de los que fui mentor en Toastmasters. Me cambió la vida. Adelante, empieza a probarlo. No tienes nada que perder. ¿Y adivina qué?

También te convertirás en un mejor orador. Empieza hoy mismo y da pasos hacia las ganancias compuestas.

Truco de confianza: haz más viajes solo.

Este ejercicio te permite conectar con tu mundo interior y conocerte mejor. La confianza en uno mismo es la forma más auténtica de confianza. Empieza a planear algo.

"Mmm interesante. ¿Por qué funciona este truco?"

Por 2 razones:

1.La superación de la autoconciencia.

2.Una comprensión más profunda de uno mismo. Déjame explicarte...

1.Superar la conciencia del yo - Mucha gente es incapaz de hacer viajes por sí misma. Piensan que es "raro" hacerlo. Y se sienten avergonzados por no tener a alguien con quien hacer un viaje. Es posible que tú estés en este caso.

¿Cuántas veces has cancelado un viaje o un evento porque la gente se ha quedado fuera?

Demasiadas veces para contarlas.

¿Por qué?

"Porque ir solo sería incómodo".

¿Por qué?

"Porque necesito ir con gente".

No, no lo necesitas. Esa es una creencia limitante.

La confianza es cuando es bueno tener gente a tu alrededor, pero no dependes de ellos. Puedes hacer tus propios movimientos a tu antojo. Ir a unos cuantos viajes por ti mismo transiciona tu mente de:

-Dependiente -> Independiente.

2.Una comprensión más profunda de uno mismo - Lo creas o no, saldrás de un viaje con más claridad. Tienes la oportunidad de pasar tiempo contigo mismo en un nuevo entorno. Actualmente, no tienes las responsabilidades, las facturas y los problemas del mundo real consumiendo tu mente.

Esto libera tu mente para reflexionar sobre otras cosas. Dar sentido a tu pasado, encontrar claridad en el presente, estructurar tu futuro. Mientras no estés todo el día con el teléfono, saldrás con un sentido más profundo de ti mismo.

Este truco puede parecer poco ortodoxo, pero funciona. Antes de descartarlo, pruébalo. Encuentra un fin de semana en el que puedas ir a un lugar nuevo. Ve solo y restringe el uso de la tecnología. Explora y reflexiona.

Este viaje de fin de semana tendrá un impacto mayor en tu futuro del que puedes imaginar. Inténtalo y toma el control de tu mundo interior.

Truco mental: Vídeos de motivación

Los videos motivacionales sin el trabajo es como escuchar la música del gimnasio sin ir al gimnasio.

Pero combinar vídeos motivacionales CON trabajo es un TRUCO.

Esos videos cargan tus emociones y te hacen imaginar.

-Reconexión del subconsciente 101.

Úsalo como una herramienta para tu viaje.

Truco mental: Destino -> Viaje

Abandona la mentalidad de "destino". Adopte la mentalidad de "viaje".

Este cambio de mentalidad te permite centrarte más en el perfeccionamiento del proceso que en el objetivo final.

¿Lo entiendes?

Perfecciona el proceso y el objetivo final está garantizado.

Truco mental:

Afinadores de la atención

Considera las tareas aburridas como "agudizadores de la atención".

-Lavar los platos

-doblar la ropa

-limpiar la habitación

Ejercitar tu concentración en un área de tu vida se extiende a otras partes.

Mientras todo el mundo realiza estas tareas con negatividad, tú lo haces para nivelar tu mente.

Truco de sabiduría: Tuitear consejos a tu yo de 5 años

Adoptar esta perspectiva te dará una mentalidad de mayor autoridad mientras mantienes un tono informal. Empezarás a soltar sabiduría que no sabías que existía dentro de ti.

Este hack funciona tan bien debido a 2 grandes principios:

1. Autoridad

2. Informalidad

3. Autoridad:. La razón por la que digo que elijas a tu yo de 5 años es porque mantienes el sentido de la responsabilidad. Evitarás dar menos consejos porque eres una figura de autoridad. Esto te ayuda a adoptar una perspectiva diferente.

4. Informalidad:. Una mentalidad informal fomenta la creatividad. Y la creatividad te ayudará a enfocar tus consejos con más ángulos de los que habías pensado.

"Ya veo. Pero, ¿por qué tuitearlo?"

Es solo una sugerencia. Te darás cuenta de que al tuitear un consejo a tu yo más joven, éste resonará en un montón de gente de todo el mundo. Así que no solo te ayudas a ti mismo, sino que ayudas a otros en el camino. Dos pájaros de un tiro.

Pero otras vías para dar consejos a tu yo más joven son a través de:

-Periódico

-Podcasting

Uno de ellos te ayudará a escribir. La otra te ayudará a hablar.

Además, esta es la parte más importante de este truco. Dar consejos a tu yo más joven es una forma sutil de reprogramar tu mentalidad. Tu mente subconsciente es como un niño pequeño, así que escucha atentamente cuando le hablas como a un niño pequeño.

"¿Así que gano sabiduría, ayudo a la gente y reprogramo mi mentalidad?"

Correcto. Prueba este truco de vida hoy mismo y ponte por delante del rebaño.

3 Rompedores de la Mentalidad de Víctima:

-Responsabilidad por TODOS los conflictos de la vida. Te levantarás a pesar de todo.

-Mejorar el lenguaje corporal. Tu cuerpo afecta a la mente.

-Lee algo de ficción. Reconfigura tu cerebro para pensar en grande.

Truco de productividad:

Antes de trabajar en algo que requiera una intensa concentración, haz una sesión de meditación previa.

Cuenta tus respiraciones naturales hasta 50.

Solo con esto, tu producción se disparará.

Truco de productividad:

Si trabajas desde casa, vístete y ponte zapatos también.

Esto hace que tu subconsciente entre en un estado mental productivo.

Pensamientos finales

Me gustaría agradecerte que hayas llegado hasta el final del libro. En primer lugar, me gustaría agradecerte que hayas invertido tu tiempo en leer este material. Gran parte del contenido de este libro se ha creado a partir de un montón de dificultades, fracasos e introspección. Si los conceptos y las enseñanzas de este libro pueden ayudar a una persona, entonces ha servido a su propósito.

También me gustaría dar las gracias a mis padres, que me han apoyado en mi viaje. Han hecho muchos sacrificios para que yo esté en este país y me convierta en ingeniero. Sus contribuciones han sido un factor importante para que pueda convertirme en autor. También me gustaría dar las gracias a mi hermano mayor por apoyarme siempre y ayudarme a seguir adelante.

El círculo social de una persona influye mucho en su realidad. Ha habido muchos amigos que han contribuido a este libro, demasiados para nombrarlos. Hasta ahora, he tenido la oportunidad de hacer conexiones en la vida real y en la digital. En la vida real, he conocido a muchos ganadores de Toastmasters, la ciudad de Tampa, clubes, conferencias, etc. Y he hecho muchas conexiones digitales a través de Twitter, YouTube y mi sitio web.

Espero que apliques los conceptos del libro y des un giro a tu vida para mejor. Solo se nos da una oportunidad en esta vida y la capacidad de esculpir nuestro futuro es lo que nos permitirá ganar poder en este mundo volátil. Incluso si te sientes perdido ahora mismo, entiende que nunca es demasiado tarde. Ahora tómate el tiempo y rediseña tu mentalidad hacia la confianza para que puedas convertirte en tu mejor yo.

Para encontrar más contenido mío, dirígete a www.armanitalks.com, donde verás muchos de mis blogs, podcasts y vídeos que te ayudarán a utilizar 5 habilidades blandas para aumentar tu confianza: hablar en público, contar historias, inteligencia emocional, dinámica social y creatividad. Gracias de nuevo por leerme.

– ARMANITALKS

Habla Fácil

Cómo ser articulado, asertivo y audaz con la gente

Habla Fácil es un sistema para ayudar a quienes tienen problemas de comunicación a aprender las 3 A. Aprenderán a ser articulados, asertivos y audaces cuando presenten su mensaje e interactúen con los demás. Elimina la indecisión y construye una voz llena de poder.

En Habla Fácil, aprenderás:

- Los rasgos que conforman a un comunicador seguro de sí mismo.
- Cómo utilizar eficazmente los pensamientos, las palabras, la tonalidad y el lenguaje corporal.
- Estrategias para desplegar una personalidad interesante.
- Procesos para crear tu propia voz, ideas y puntos de vista.
- Estrategias prácticas de escucha para procesar la información a ritmos rápidos.
- Técnicas sólidas de liderazgo para persuadir e inspirar a los demás.
- Cómo construir una red de conexiones que proporcionen valor a lo largo del tiempo.
- Ejercicios de comunicación a fin de hablar con claridad.

¡¡Piensa rápido!!

Una guía para principiantes sobre el habla improvisada, el pensamiento claro y las habilidades de concentración

---

Piensa Rápido es una guía para aprender a hablar de forma improvisada y mejorar los niveles de concentración. Se trata de un libro fácil de usar para principiantes, para convertir el pensamiento en ideas y las ideas en palabras. Piensa rápido y adáptate a cualquier situación que se te presente.

En Piensa Rápido aprenderás:

- Las ventajas de aprender a hablar improvisando.
- Cómo concentrarse mejor.
- El poder de mejorar un 1% cada día.
- Cómo practicar la improvisación oral.
- Cómo controlar tus progresos.
- Desafíos al hablar de improviso.
- Formas de utilizar la improvisación para crear contenidos convincentes.
- Cómo vincular la mente, la respiración y el cuerpo en un sistema unificado.

VE AL GRANO

Guía para principiantes sobre redacción de ensayos, pensamiento crítico y razonamiento lógico.

Ve al Grano es una guía para principiantes sobre cómo escribir ensayos, utilizar el pensamiento crítico y desmenuzar temas complejos mediante el análisis lógico. Los ensayos son una manera profunda de construir tu cuerpo de trabajo y solidificar tu filosofía. Aprende el arte y la ciencia de escribir ensayos en este libro.
En Ve al grano, aprenderás:

- Cómo crear un tema convincente para tus ensayos.
- El uso de la lógica, las palabras y el pensamiento crítico para desmenuzar temas complejos.
- Estrategias eficaces para investigar tu tema.
- Una forma rápida de construir un borrador.
- Un marco sencillo para editar tus ensayos para que suenen más conversacionales.
- El arte de la corrección.
- Cómo superar el síndrome del impostor y publicar tu trabajo.
- Formas estratégicas de hacer crecer tu imperio digital con el uso de ensayos.

Sinergia

Una guía para principiantes sobre habilidades de negociación, persuasión y acuerdos en los que todos ganan

Sinergia es una guía para principiantes sobre cómo negociar mejor, mejorar tus habilidades de persuasión y crear ideales en los que todos ganen. Vivimos en un mundo interconectado. Gradúate de la mentalidad de competencia y adopta la mentalidad de colaboración.

En Sinergia, aprenderás a:

- Detectar buenas ofertas de malas ofertas.
- Convertir un no en un sí en ciernes.
- Tratar con personalidades agresivas.
- Pedir con confianza algo a los demás.
- Crear plazos realistas.
- Implementar el ciclo de vida de negociación de sinergias para crear acuerdos en los que todos ganen.
- Saber la forma correcta para hacer preguntas para extraer información.
- Afrontar el rechazo como un ganador.
- Hay una sección adicional para desarrollar habilidades de persuasión.

¡¡Luces CÁMARA ACCIÓN!!

Una guía para principiantes para superar la timidez ante la cámara, grabar vídeos y crear una presencia digital

Luces, Cámara, Acción es una guía para principiantes sobre cómo superar la timidez ante la cámara, grabar vídeos y construir tu presencia digital. Este libro te ayudará a sentirte cómodo cuando se encienda la luz de grabación. ¡Aprende a transmitir tus ideas desde tu mente al mundo! Utiliza la cámara y conviértela en tu mejor amiga.

En este libro aprenderás:

- La timidez ante la cámara existe
- Cómo practicar eficazmente para superar la timidez ante la cámara.
- Diferentes métodos para aportar ideas sobre las que hablar.
- Cómo matizar tus ideas.
- Cómo actuar correctamente ante la cámara para mejo rar tu discurso,
- El poder de la postura.
- Por qué deberías abrir un canal privado en YouTube.
- La importancia de ver películas.